個別最適な学び
×
協働的な学び
を実現する
学級経営

365日の
ユニバーサル
デザイン

赤坂真二・上條大志 著

明治図書

JN043671

まえがき

　2021年7月のある日。上越教育大学教職大学院の赤坂真二先生からご連絡いただきました。個別最適な学びと協働的な学びを実現する学級経営に関する書籍への協力依頼でした。特別支援教育の視点から，実践を交えて語ってほしいというものでした。

　「個別最適な学び」「協働的な学び」という言葉は，令和3年1月26日に中央教育審議会より出された答申[1]の中にあるものです。これらの言葉は，よく耳にしていました。「学び」という言葉から，授業づくりにどう結びつけていくのかについては考えていましたが，それを学級経営に結びつけて考えるという発想は，正直ありませんでした。さすが赤坂先生だと思いつつ，どう結びつけていったら良いのか，なかなか見えていませんでした。

　自分なりに「個別最適な学び」と「協働的な学び」について学びを進めていきました。すると，新しい何かを得るというよりも，これまで実践してきたことが価値づけられていく実感がありました。不思議な感覚でした。

　これまで，いろいろな学級の担任をしてきました。良い学級経営はできていなかったかもしれませんが，大きく学級が崩れることはありませんでした。そして，周りの先生からは「あの子がすごく変わりました。上條先生マジックですね」と言っていただくこともありました。その先生は，「マジック」という言葉にそれほど強いメッセージは込めていなかったかもしれません。でも，私自身はこだわりをもっていました。「マジック」であって，「魔法」ではないということを。

　マジックには，種やしかけがあります。周りの先生からは，「Aさんが落ち着くことが不思議＝マジック」に見えたことも，私からすれば，その子に合った手立て（種）を考え，指導や支援を進めていたので，何ら不思議なことではありませんでした。

---

1 文部科学省『個別最適な学び』と『協働的な学び』の一体的な充実（イメージ）」（https://www.mext.go.jp/a_menu/shotou/new-cs/senseiouen/mext_01542.html）（2022年9月23日閲覧）

個別最適な学び × 協働的な学びを実現する 学級経営

Coordinate ♠
つながりを調整する

Assessment ♥
把握・理解する

Relation ♣
つながりをつくる

Decision ♦
方針を決定する

365日の ユニバーサル デザイン

赤坂真二・上條大志 著

明治図書

そうした私の手立て（種）の根拠になっていたのが，特別支援教育の視点でした。特別支援教育は，子ども理解に必須だと思います。学級経営の前提には，子ども理解があると考えている私にとっては，学級経営の前提は特別支援教育であると言っても過言ではありません。

　「個別最適な学び」と「協働的な学び」を実現する学級経営について，特別支援教育の視点をもって語らせていただいたのが，2022年4月に出版された『個別最適な学び×協働的な学びを実現する学級経営』（赤坂真二，明治図書）でした。

　この本の反響の大きさから出版が決まった本書では，特別支援教育に携わる教師が，個別最適な学びと協働的な学びを実現する学級経営について，担任として，どのような理論に基づき，どのような実践をしているのかをご紹介していきます。

　「第1章　理論編」では，私が考える「個別最適な学び×協働的な学びを実現する学級経営」の基本的な考え方をご紹介しています。

　「第2章　実践編」では，1年間の学級づくりについて，「個別最適な学び」と「協働的な学び」の視点から具体的実践例もご紹介していきます。

　第3章では，赤坂先生との対談をまとめました。赤坂先生の鋭い視点で，私の理論や実践を価値づけていただきました。

　これらは，あくまでも私が考える学級経営です。読者の先生方と私は，担任としての個性も，担任する子どもたちも違います。参考にしていただける部分については，学級経営に活かしていただき，担任される学級に合わないと思われる部分については，うまくアレンジして，ご自身の学級経営に活かしていただきたいと思います。

上條　大志

目次

対談

第3章

通常学級における特別支援からデザインする！

個別最適な学び×協働的な学びを実現する学級経営

赤坂真二×上條大志

理論編

3つの "can" で考える
学級経営ユニバーサルデザイン

第1章

1 「学級」とは何か

　当たり前のように使っている「学級経営」という言葉。そもそも「学級」とは何なのでしょうか。「学級」は何のためにあるのでしょうか。何となくイメージはできるかもしれませんが，実際に説明することは難しいのではないでしょうか。

　なぜ説明することが難しいのか。それは，「学級」の意味や機能を言語化できないからでしょう。言語化できないから，その「本質的な理論」は継承されにくく，優れた実践から学ぼうとしても，再現できないことが多いのです。

　また，昨今のSNSの普及により，How to的な方法論が教育界には溢れています。もちろん方法論を否定するつもりはありません。ただ，発信されている方法論は，あくまでもその教師がその目の前にいる子どもたちに実践した結果，うまくいったものです。全ての学級にぴったり合ったものなど，ごく稀でしょう。それを忘れて，その方法論を取り入れることが目的化してしまっている場面を見かけます。その結果，子どもが荒れ，学級が荒れ，学級がうまく機能しなくなってしまう……。

　もっと目の前の子どもを見る力を身につけなければならないと思います。目の前の子どもたちに合った方法を選択するために，その選択肢の数を増やすために，方法論を知り，最適な方法を選択していく力を身につけるべきだと思っています。もっと教育における「本質的な理論」について学び，教師力を伸ばしていかなければならないのです。

　私の考える「学級」とは，個の学びを最大化する機能をもつものです。家庭教師や塾と違った機能をもつからこそ，個の学びが最大化するのです。

では，個の学びが最大化する要因は何でしょうか。それは，「他者の存在」です。自分では気づけないようなことでも，他者が気づかせてくれます。自分だけでは解決できないような壁にぶつかったときには，他者と協力することで，その壁を乗り越えることができるのを学びます。自分の存在価値や自分の良さは，自分自身では気づくことができません。他者との比較や他者からの価値づけなどにより，それを自覚することができます。

　このように，子どもにとって，学級は自分を成長させてくれる，あるいは自分の成長を実感させてくれる機能をもっているものなのです。

　このことを見事に表しているのが，令和になって教育界のキーワードとなっている２つの言葉だと思っています。

　文部科学省（2021）[2]は，「個別最適な学び」と「協働的な学び」の一体的な充実（イメージ）について，図１のようにまとめています。

　ここで押さえておきたいのは，図にもある「社会で生き抜き豊かな人生を切り拓く，持続可能な社会の創り手を育てていくこと」を目指しているということです。

　先ほども言及した「本質的な理論」と「How to 的な方法論」を思い出してみてください。「個別最適な学び」や「協働的な学び」「主体的・対話的で深い学び」も手段であり，方法です。目指すべきは「社会的変化を乗り越え，豊かな人生を切り拓き，持続可能な社会の創り手」を育てていくことなのです。この両者の関係は，決して逆転してはならないのです。

　教育のキーワードは，時代によって変化していきます。しかし，教育の目的は変化していません。目指すべきところは変わっておらず，そこへの道筋や方法論に変化があるのです。

2 文部科学省（2021）「『個別最適な学び』と『協働的な学び』の一体的な充実（イメージ）」（https://www.mext.go.jp/a_menu/shotou/new-cs/senseiouen/mext_01542.html）（2022年９月23日閲覧）

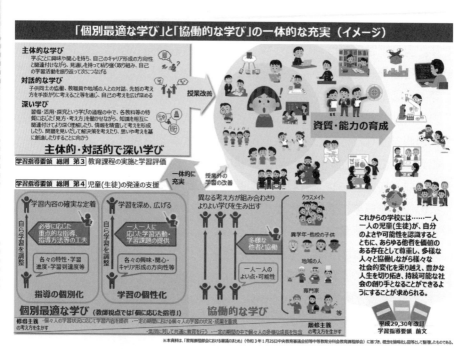

図1 「個別最適な学び」と「協働的な学び」の一体的な充実（イメージ）

② 3つの"can"で学級をつくる

　上條（2022[3]，2022[4]）は，「個別最適な学び」について，「I can の発見」ととらえることを提案しています。子どもが自己の可能性を発見したり，さまざまな能力を身につけたりしていくことを目指していくものです。

　一方，「協働的な学び」については，さまざまな学習活動に対して，子どもどうしで協働しながら乗り越えていくことを体感するという点で「We can の体験」ととらえることを提案しています。

---

[3] 赤坂真二（2022）『個別最適な学び×協働的な学びを実現する学級経営』明治図書，pp.24-50，上條大志インタビュー部分
[4] 上條大志（2022）「特別支援教育研究　5月号」東洋館出版社，pp.36-39

そして，これらを往還するように学級づくりや授業づくりをしていくことが学級経営ととらえるならば，学級経営は「You can の創造」であると考えています。

　教師は，子ども一人ひとりの個性を伸ばし，それぞれの良い点が活かせるように成長させていくという意味での「You can の創造＝『私にもできる』を創り出す」。学級集団として，協働し，その素晴らしさを実感させていくという意味で「You can の創造＝『みんなでやればできる』を創り出す」と定義しています。

　これらをまとめた図2をご覧いただきながら，もう少し詳しく説明していきます。

図2　「You can の創造」

　子どもたちは，どのような環境においても，発達し成長し続けていきます。極端な言い方をすれば，教師が何もしなくても，子どもたちは成長していくということです。しかし，それでは教育の目的を達成することはできないでしょう。

　教師は，学校という教育環境の中で，保護者から大切なお子さんをお預かりし，社会の形成者として最大限の成長を実現できるように尽力していきま

す。学習者として，追求者としての個の資質・能力の伸長を目指しながら，社会の形成者としての資質・能力の伸長をも目指していきます。

　教育を通して，「自己の興味・関心」に出会った子どもは，他者はどのようなことに興味・関心をもつのか気になり，「他者への気づき」が芽生えます。

　他者の存在を意識し始めることで，自分への気づきが生まれ「自己理解」につながります。他者の存在と自己の存在を認知することで，仲間として過ごす楽しさや難しさを感じます。つまり「仲間との共有体験」を重ねることができます。仲間と共に過ごしていく中で，自分というものを客観的にとらえられるようになっていきます（「メタ認知」）。

　自分の強みを活かし，仲間の協力を得ながら「仲間との協働」を実体験していきます。この中で多くの可能性を見出すことができるでしょう。その体験は，集団としての，そして「自己への自信」につながっていくでしょう。自己への自信をもつことで，自分の力を「他者貢献」に活かしていこうとするようになります。他者貢献を実現することで，自分の存在価値を実感し，さらに「高次な自己実現」へと成長していくでしょう。そして，「社会への影響」を及ぼす力となって最大化していくのです。

　いかがでしょうか。個別最適な学びと協働的な学びを行ったり来たりすることで，優れた社会の担い手へと成長していく様子がイメージできたのではないでしょうか。このように，子どもたちは，「I can の発見」と「We can の体験」を繰り返し往還することで，さらには深く往還していくことで，大きな成長につながっていくのです。

　もう少し違った見方をしていきましょう。「個別最適な学び＝I can の発見」は，子どもが，できる自分を発見していく過程です。自分の有能性を感じた子どもは，大きな動機づけを得ることができます。すると，子どもは，さまざまなものに対して主体的に取り組むようになっていきます。つまり，「主体的な学び」の土台が形成されていくのです。

　「協働的な学び＝ We can の体験」によって，学び合う良さを実感し，共に生きる力を育んでいきます。学び合うことで成功体験を収めた子は，学び

合うことに対して，求めていくものがさらに大きくなっていきます。つまり「対話的な学び」の良さを体験的に学んでいくのです。

「個別最適な学び＝Ｉ can の発見」と「協働的な学び＝We can の体験」は，それぞれ「主体的な学び」と「対話的な学び」につながるものでした。そう考えると，両者の深い往還によってこそ「深い学び」へと発展していくのではないでしょうか。

学級づくりや授業づくりを振り返ってみて，深い学びを実現するために，「個別最適な学び＝Ｉ can の発見」と「協働的な学び＝We can の体験」との往還について点検してみるのも良いのではないでしょうか。

③ 「Ｉ canの発見」の前提条件

「Ｉ can の発見」，つまり「個別最適な学び」を実現するためには，前提条件があります。それは，子ども理解です。もっと言えば，特別支援教育の視点を根拠にした子ども理解です。

明確で客観的な根拠がない指導や支援は，教師の感覚のみに依存したものになってしまいます。その感覚が目の前の子どもに合えば良いのですが，そう簡単にうまくはいきません。うまくいかない理由は，指導や支援の根拠が過去の経験や教師自身の尺度によるものになってしまうからです。

適切に子どもを理解し，適切な指導や支援を展開していくのが教師の専門性であると考えます。上條（2022）[5]は，「小学校学習指導要領解説 総則編」の学級経営に関する記述をもとに，教師の専門性について，「教師は，子どもを集団の中の個として他児と比較しながら見ることで『主観的』であるよりも客観性が保たれ，共同生活により体験を共有し共感性が高い点で，『客観的』であるよりも主観性が介入している『間主観的視点』をもっている」と述べています（図３）。

---

[5] 上條大志（2022）『つながりをつくる10のしかけ』東洋館出版社

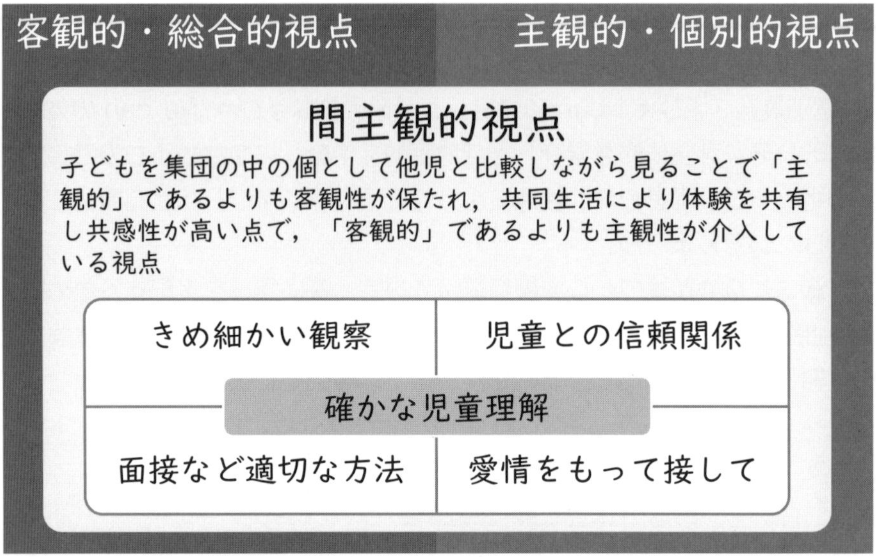
客観的・総合的視点
主観的・個別的視点
間主観的視点
子どもを集団の中の個として他児と比較しながら見ることで「主観的」であるよりも客観性が保たれ，共同生活により体験を共有し共感性が高い点で，「客観的」であるよりも主観性が介入している視点
きめ細かい観察
児童との信頼関係
確かな児童理解
面接など適切な方法
愛情をもって接して

図３　間主観的視点

　つまり，教師は，客観的事実に基づいて子どもの実態を把握すると同時に，主観的に愛情をもって子どもと接し，学校生活の中のすべてにおいて教師と子どもが適切につながれるようにしていかなければならないのです。子どもを理解し，さまざまな視点から解釈したその子のすべてを受け入れ，その中から生まれる子どもの可能性を最大限に引き出していく過程，それこそが子どもにとっての「I can の発見」を創造する教師の姿なのです。

　時に，教師は，指導や支援がうまくいかないと，苛立ちます。その多くは，教師が冷静に子どもの行動を解釈したり，子どもの思いを受け止められなかったりすることによって生まれてきます。

　上條（2022）[6]は，図４のように，予期せぬトラブルに対して教師の受け止め方を整理しました。教師の目の前で起こるトラブル（事実）は，事実として誰が見ても変わりません。しかし，そのトラブル（事実）を教師のフィ

6　上條大志（2022）『授業のユニバーサルデザイン Vol.13個別最適な学びと協働的な学び　学級経営「トラブル脱出法」』東洋館出版社，pp.82-83

ルターを通して，どう解釈するのかによって，大きな違いが出てきます。そこに教師の感情が介入してしまうと，トラブルを起こした子に対する，そしてその周囲にいる学級の子どもたちに対する指導や支援が負のスパイラルに陥ってしまうのです。

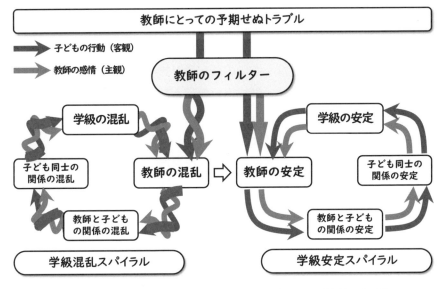

図4　学級混乱スパイラルと学級安定スパイラル（上條，2022）

　子どもを適切に理解していれば，見えている事実だけでなく，その背景にある見えない真実や他の子どもたちとの関係性など，さまざまな要因から総合的に解釈して指導や支援を展開していくことができます。
　すべては，子どもを適切に理解していること，そして指導や支援のねらいを明確にもっていることが出発点となるのです。

「We canの体験」の前提条件

　「We can の体験」，つまり「協働的な学び」の前提には，「対等的信頼関

係」と「集団的問題解決型学習環境」が必要です。

　まず「対等的信頼関係」について説明します。学級集団の中には，さまざまなタイプの子どもたちがいます。特別支援教育の視点から見て特別な配慮が必要な子，家庭環境の課題から配慮が必要な子，「浮きこぼれ」と言われるような突出した能力がある子，登校に不安を抱いている子など，一人ひとり子どもは違います。同じ子はいません。どんなに長い教師経験があっても，同じ子も，同じ集団もありません。すべてが唯一無二のものなのです。

　ここで気をつけなければならないのは，子どもたちの関係性です。子どもと子どものつながり方です。人は，自分を守るために，誰かを攻撃することがあります。自分の居場所を確かめるために，誰かを犠牲にしてしまうこともあります。いじめの問題は，その典型的なものだと思います。

　また不登校についても，人間関係の課題が最大の理由という調査結果もあります。良好な人間関係を築くことは，良好な学級集団づくりをしていく上で最も重要なものになってきます。

　では，良好な人間関係とはどういったものなのでしょうか。そこで大切なのが，「対等的信頼関係」です。一昔前，「スクールカースト」などという言葉が教育界で広がりました。児童生徒間の序列を意味するものです。一人ひとりが唯一無二の存在であり，本来そのような序列など存在しないはずなのにもかかわらず，それができてしまう。対等的な関係性が保障されない状況の集団に属する子たちは，恐怖や不安に支配されながら集団生活を送ることになります。

　以前担任した子が言っていました。「みんな違うことが同じなんだね」と。みんな「同じ」なのです。みんなが対等なはずなのです。

　では，どのように学級経営をしていくと対等性が生まれるのでしょうか。それは，学級における人間関係の土台に，信頼性があることだと考えます。互いに信頼し合えるから，互いの存在を尊重し合い，その結果として対等な関係性が創造されていきます。その信頼性という土台を作っていくには，どのようにしたら良いのでしょうか。

読者の先生方にお聞きします。みなさんが信頼できる人は，誰ですか。その人のことは，なぜ信頼できるのですか。

　その理由を考えたとき，きっと信頼を構築するに至ったエピソードがあるはずです。

　近藤（2010）[7]は，信頼を築くために，「６つの共有体験」の重要性を指摘しています（図５）。

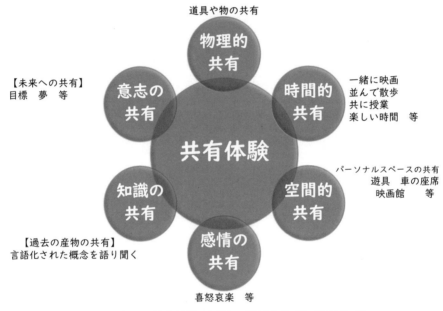

道具や物の共有

物理的
共有

【未来への共有】
目標　夢　等

意志の
共有

時間的
共有

一緒に映画
並んで散歩
共に授業
楽しい時間　等

共有体験

パーソナルスペースの共有
遊具　車の座席
映画館　　等

知識の
共有

空間的
共有

【過去の産物の共有】
言語化された概念を語り聞く

感情の
共有

喜怒哀楽　等

図５　６つの共有体験（近藤，2010を参考に筆者作成）

　これに合わせて体験と信頼の関係性について考えてみます。

　思い出してみてください。部活動やスポーツ少年団など，同じ目標（意志の共有）に向かった共に頑張った仲間との絆は強くないですか。何度も食事（時間的共有，空間的共有）をしたり愚痴を言い合ったり（感情の共有）などをした人には，信頼を置き，何でも話すことはできませんか。この他にも

7 近藤卓（2010）『自尊感情と共有体験の心理学　理論・測定・実践』金子書房

たくさんの共有体験があると思います。信頼を抱く相手とは，必ず信頼を構築するエピソードがあり，共有体験があることに納得していただけましたか。

　学校生活を考えてみてください。これら6つの共有が溢れていませんか。たくさんの共有をしていませんか。学級目標（意思の共有）や掃除用具や教室にある文房具類（物理的の共有），盛り上がった授業や学校行事（時間の共有），話し合い新しい知識を得ていく（過去の産物の共有）など，たくさんあります。つまり，たくさんの共有体験の可能性を秘めている学校生活の中で，教師が教師と子ども，子どもと子どもの信頼関係構築のために，どれだけそれを意図し，戦略的にしかけていくのかが重要になってきます。

　繰り返しになりますが，大切なのは，教師が子どもたちの対等的信頼関係を構築しようと意図的に，そして戦略的に共有体験をしかけていこうとすることなのです。

　次に「集団的問題解決型学習環境」です。授業にしても，学校生活にしても，問題（課題）が必ずあります。それらを乗り越えていくことで信頼関係が構築されていくでしょう。

　そして学校では，それらの乗り越え方を学んでいきます。これは，「社会的変化を乗り越え，豊かな人生を切り拓き，持続可能な社会の創り手を育てていくこと」という教育において目指していくべきことと一致するでしょう。人生の中には，そして社会生活を送る中では，さまざまな困難に直面します。そこをどう切り抜け，どう改善したり，発展させたりしていくのかを学んでいく必要があるのです。

　「対等的信頼関係」と「集団的問題解決型学習環境」を整え，その良さを体験していくことが，「We can の体験」であり協働的な学びの本質だと考えます。

　そして，「I can の発見」と「We can の体験」を創造していくのが，教師の役目であり，「You can の創造」ということができるのだと考えます。

　「令和型教育のユニバーサルデザイン」は，この「You can の創造」と重なるものと考えます。

実践編

「I can」と「We can」を生み出す！
個別最適な学び×協働的な学び
を実現する365日の学級経営

第2章

表1 「You can の創造」を生み出す1年間

	選択したい主なカード	キーワード	You can の創造	
			I can の発見	We can の体験
学年始まり	Coordinate ♠ つながりを再生する / Assessment ♣ 把握・理解する / Relation ♥ つながりをつくる / Decision ♦ 方針を決定する	(1) 出会う前に出会う (2) 引き継ぎでは客観的事実を把握する (3) 当たり前のような安心をつくる (4) 「We can の体験」を創造するために (5) 学年経営方針をそろえる (6) 教師の思いと子どもたちをつなげて山頂を目指す (7) 伏線でつなげて「We can の体験」を創造する	一人ひとりの得意なこと，苦手なことを把握し，教師と子どもがつながる準備をする	どんな子たちがいて，どんな力を育てていくのか，ストーリーを準備する
4月	Coordinate ♠ つながりを調整する / Assessment ♣ 把握・理解する / Relation ♥ つながりをつくる / Decision ♦ 方針を決定する	(1) 子どもたちと良い出会いをする (2) 学級経営の「核」と「枠」を創る (3) すべての子どもをインクルードする学級経営の「枠」を創造する (4) 子どもに合わせて学級経営の「核」と「枠」を創造する (5) 他者貢献で，「I can の発見」をする (6) 係活動で「I can の再発見」をする (7) 話し合いで「I can の発見」をする (8) 集団の中の子どもたちの心理を理解する (9) 学級目標は，全員の思いから創る	自分が学級に期待するものを全員が発言し，学級の一員であることを実感させる	話し合いにより自分や他者が互いに認め合う経験をさせる
5月	Coordinate ♠ つながりを調整する / Assessment ♣ 把握・理解する / Relation ♥ つながりをつくる / Decision ♦ 方針を決定する	(1) 子どもと子どもをつなげる (2) 子どもと子どものつながりを調整する (3) 子どもの行動を客観的に分析する (4) 引き継いだことをもう一度見直す (5) 行事や学習活動を集団づくりのしかけにする (6) 「いつもと違う」を子どもに委ねる (7) 共有体験がつながりを創る	一人ひとりが学級に対して貢献する場面をつくり，自分の可能性を実感させる	全員で取り組む活動を仕組み，共有体験により，集団の良さを実感させる
6月	Coordinate ♠ つながりを調整する / Assessment ♣ 把握・理解する / Relation ♥ つながりをつくる / Decision ♦ 方針を決定する	(1) 効果的な動機づけをする (2) 係活動で動機づける (3) ネガティブな波を乗り越える (4) ネガティブなつながりを調整する (5) 問題解決スキルを身につけさせ，「We can の体験」をさせる	トラブルに対して，自分の考えをもって向き合い，自分にできることを探させる	トラブルに対して，集団解決を図り，その過程や成果を価値づける
7月	Coordinate ♠ つながりを調整する / Assessment ♣ 把握・理解する / Relation ♥ つながりをつくる / Decision ♦ 方針を決定する	(1) これまでの学級経営をフィードバックする (2) 間主観的視点で子どもを見る (3) 協力者として保護者とつながる (4) 学級力という見えないものを見える化する (5) 学級力アンケートで，2つの「We can の体験」を創造する (6) 学級目標で「We can の体験」を創造する	保護者から子どもについて聞き取り，これまでの成長を把握する	それぞれの学級への期待を学級集団として達成できているのか振り返らせ価値づける

夏休み	Coordinate ♠ つながりを調整する　Assessment ♣ 把握・理解する Relation ♥ つながりをつくる　Decision ◆ 方針を決定する	(1) 夏休みは充電期間 (2) 成長を見える化する (3) 学習の軌跡を見える化する (4) 学級経営の調整をする		
9〜10月	Coordinate ♠ つながりを調整する　Assessment ♣ 把握・理解する Relation ♥ つながりをつくる　Decision ◆ 方針を決定する	(1) 9月は，もう一度学級開きをする (2) 不登校を選んだ子にアプローチする (3) 夏休み明けには「I can」の確認をする (4) 「遠い目標」に対する「近い目標」を確認させる (5) 成功体験でやる気を起こす (6) 多面的・多角的スモールステップを組む	夏休みの成長を把握しつつ，学校生活へのズレを修正する	集団としての新たな目標である「壁」を設定し，集団的動機づけを図る
11〜12月	Coordinate ♠ つながりを調整する　Assessment ♣ 把握・理解する Relation ♥ つながりをつくる　Decision ◆ 方針を決定する	(1) 自治的な集団に育てる (2) 自治的な集団へのプロセスを見通す (3) 自己の利益と集団の利益を重ねる (4) 無意識的達成段階へ引き上げる (5) 自治的な集団をコーディネートする (6) ネガティブな波を再び乗り越える	「壁」を乗り越えるための役割分担をし，一人ひとりの活躍を価値づけていく	学級集団として「壁」を乗り越える方法を体験し，その良さを価値づける
冬休み	Coordinate ♠ つながりを調整する　Assessment ♣ 把握・理解する Relation ♥ つながりをつくる　Decision ◆ 方針を決定する	(1) 次年度へ向けた準備をする (2) 「引き継ぎ」はその子の人生を見通した「教育リレー」である (3) その子を中心におく横断的連携を整える (4) その子の未来とつなげる縦断的連携を整える		
1〜3月	Coordinate ♠ つながりを調整する　Assessment ♣ 把握・理解する Relation ♥ つながりをつくる　Decision ◆ やる気をおこす	(1) 「I can & We can」を仕上げ，学級を解散する (2) 「I can の再発見」をしかける (3) 伏線を回収しながら，気持ちを重ねる (4) サプライズの演出により「We can の体験」を仕上げる (5) 学級経営を楽しむ	一人ひとりの個としての成長や学級に期待したこととの結果を振り返らせる	協働により，多くのことを乗り越えられることを価値づけ，進級への動機づけを図る

1年間を見通す

⑴ 学級は，意図的・戦略的に経営する

　学級経営は，意図的・戦略的に進めるべきだと考えています。しかし，実態としては，無意識的であったり，無計画的であったりしながら，学級経営が進められていることもあるようです。その結果，子どもにとって学級が安心できる場にならなかったり，学級崩壊につながったりしてしまっています。いずれにせよ，子どもを不幸にしてしまいます。

　もちろん経営が難しい学級もあると思います。だからこそ，意図的・戦略的に学級経営を進めていく必要があるのです。

　もう少しわかりやすいように，企業経営に置き換えて考えてみましょう。

　　企業（営利企業）は，営利を目的として経営していきます。そこには，企業目標や売り上げ目標が設定されています。その目標が達成されるように，製品企画や生産，コスト削減，宣伝，販売など，さまざまな戦略をもって販売していきます。この目標設定には，期限が設けられており，定期的に目標達成状況を振り返っていきます。そして，成果や課題を分析し，目標達成に向けて戦略を修正していきます。

　これらのことを学級経営に戻して見ていきましょう。

> 学級 は, 教育の目的達成 を目的として経営していきます。そこに
> は, 学校教育 目標や 学級 目標が設定されています。その目標が達成
> されるように, カリキュラムマネジメント や 単元構想 , 授業づくり ,
> 特別活動 , 特別支援教育 , 保護者等との連携 など, さまざまな戦
> 略をもって 教育 していきます。この目標設定には, 期限が設けられて
> おり, 定期的に目標達成状況を振り返っていきます。そして, 成果や課
> 題を分析し, 目標達成に向けて戦略を修正していきます。

　私は, 企業経営をまとめた文章に学級経営をまとめた文章を置き換えても,
違和感がありませんでした。そう考えると, 成果を上げる学級経営をするた
めには, 企業経営と同じように, 意図的・戦略的に学級経営を進めていくこ
とは, 間違っていないと考えます。

(2) 意図的・戦略的にカードをきる！

　そこで, 意図的・戦略的に学級経営を進めるためには, どうしたら良いの
か考えます。
　サッカーの中継を観ていると, メンバー交代の際, 実況アナウンサーが
「最後のカードをきった」という表現を使っているのを耳にします。これは,
限られた選手交代の回数があること, 交代の目的がピンチを打開するため,
戦術の変更など, 監督の目線でみているものだからだと思います。監督とし
ては, 預かっている選手をうまく機能させて, 「勝利」という, 監督, 選手,
スタッフ, サポーターなど, すべての人の思いを達成しようとしていきます。
この状況をカードゲームにたとえて, 「最後のカードをきった」と表現して
いるのでしょう。
　学級経営とサッカーの試合とは違います。しかし, 目的に向けて, 限られ
た条件の下, 意図的・戦略的に工夫していく点では共通しているように思い

ます。だから学級経営においても，「カードをきる」という表現が，ぴったり合うと思いました。

　それでは，この「カードをきる」というイメージをもっていただき，その方法について考えていきます。以下は，あくまでも例であり，目の前の子どもたち，学校経営方針，地域性などを踏まえてアレンジしてください。

　「カードをきる」ためには，目的やゴールを見据えて，それまでに，何を，どのように，成果を上げていくのかを考える必要があります。3月に学級を解散するとき，一人ひとりの子どもたちに，どのような成長をしていてほしいですか。どのような「I can」を発見していてほしいですか。学級集団として，どのような課題に対して，どのように乗り越える力を身につけていてほしいですか。どのような「We can」を体験してほしいですか。

　それらを考えた場合，1年という限られた期間に，いつ，どうやって，どのような「I can の発見」と「We can の体験」を創造していくのか，意図的・戦略的に計画していかねばならないのです。How to 的な方法論を増やすことは，きるカードを増やすことです。きるカードが増えれば，
勝負に勝つという目的に一歩も二歩も近づきやすくなります。あくまでも，カードを増やすことが目的にならないようにしたいです。それは，ただの自己満足のコレクションになってしまいます。

　目的をしっかりともち，1年間を見通した学級経営をしていきましょう。そのために，意図的・戦略的に学級経営のカードをきっていきましょう。

　では，学級経営において，意図的・戦略的にきっていくカードについて説明していきます。これまで担任として，学級経営をしてくる中で，意図をもってやってきたこと，戦略的にやってきたことをカテゴライズしていくと，4つの観点に分類することができました。それぞれの観点について説明します。

① Coordinate（つながりを調整する）

1枚目のカードは，Coordinate（つながりを調整する）です。

第1章でも述べましたが，学級は集団によって形成されています。集団の中では，人間関係の調整が不可欠です。教師と子ども，子どもと子どもが適切なつながりになるように調整していくためのカードです。

人間関係は，成長の上でとても重要です。社会に出た後のことを考えても，さまざまな他者との関わりがあります。仕事をするときには，顧客がいます。顧客の満足を得たり信頼を得たりしなければ，会社として成り立たなくなります。

会社内の人間関係も同じです。同僚とうまくやっていくことで，生産性が高まり，利益を上げていくことができます。逆に，同僚とうまくやっていけなければ，生産性が低下するだけでなく，その会社でやっていくことすら危うくなってしまいます。

こうした人間関係で発生したトラブルは，人間関係の中でしか解決が図れません。ですから，人と人とのつながりを調整することは，子どもの可能性を引き出すためにも，大切なものなのです。

②　Assessment（把握・理解する）

　　2枚目のカードは，Assessment（把握・理解する）です。

　　学級経営をする際，子どもの状況を常に把握・理解し続けなければなりません。子どもたちは，常に発達・成長し続けています。事前に把握するべき特性や学級生活の中での出来事によって揺れる心など，適切・適時に子どもを理解していくためのカードです。

　　では，具体的に考えてみましょう。朝，子どもと挨拶するとき，子どもはどんな表情をしていますか。目を合わせていますか。それとも逸らしていますか。「おはようございます」という声の大きさはどうですか。声のトーンはどうでしょうか。昨日の「おはようございます」という挨拶と比べて，どんな違いがありますか。前日に叱った子がいたとします。次の日の朝，いつもの様子と同じですか。その子と周りの子との関係性に変化は起きていないでしょうか。

　「落ち着きがない」と引き継いだ子がいたとします。その子の机の中は，どうなっていますか。筆箱の中は，どうでしょう。整理されていますか。その子の靴箱の上履きはどうでしょうか。そろえておく余裕がありそうですか。

　「読み書きが苦手」と引き継いだ子がいたとします。読むことと書くことのどちらが苦手なのでしょうか。読むことが苦手だとしたら，音読なのか，内容の把握なのか，どちらをすることが苦手なのでしょうか。発達検査や読み書き検査の解釈は，どうなっているのでしょうか。

　このように，あらゆる視点で子どもをとらえ，最適な指導や支援を探っていく必要があるという意味をカードに込めました。

③ Relation（つながりをつくる）

　　3枚目のカードは，Relation（つながりをつくる）です。

　　学級経営で大切なのは，まず教師が子どもとつながることです。すると子どもたちは安心して学級生活を送れるようになるでしょう。そして，教師は，子どもどうしをつなげ，対等的信頼関係を構築していきます。子どものつながりをつくるためのカードです。

　　新学期，教師と子どものつながりは，まだありません。初日は，どのような出会いをし，どのようなつながりをつくっていこうと考えますか。2日目はどうでしょうか。そのつながり方は，すべての子が同じでしょうか。比較的早くつながれる子は誰なのでしょう。つながるのに時間がかかりそうな子は，誰でしょうか。それぞれに合ったつながり方をするには，どのような手立てが必要なのでしょうか。

　こうしたことを考え子どもたちとつながっていきます。適切なつながりができていれば，子どもが悩んだときには，教師に相談に来るでしょう。困ったときには，助けを求めてくるでしょう。教師は，子どもにとって頼れる存在になることが求められているのです。

　子どもと子どものつながりも同じです。新しい学級は，子どもどうしはつながっていません。学級の編成が変われば，人間関係も必ず変化します。安心できる学級をつくったり一人ひとりの居場所をつくったりするために，また自治的集団に育てていくためには，子どもどうしのつながりをつくっていく必要があるのです。

　つながりを意図的に，戦略的につくることができるのは，担任教師だけです。どれだけ戦略的にこのカードをきっていくことができるのか。それが重要になってきます。

④ Decision（方針を決定する）

　　４枚目のカードは，Decision（方針を決定する）です。

　　指導や支援は，見通しや方針をもつことが大切です。そこに向かって進んでいけば，道に迷うことはありません。ゴールは同じでも，進み方や進む道を臨機応変に変更するだけですから。その方針を決定していく際のカードです。

　　方針や目標，見通しなどさまざまなゴールがあります。

　　教育基本法に示されている教育の目的。学習指導要領に示されている目標。自治体の教育大綱。それらを受けて設定された学校教育目標や方針。各学年の目標や方針。学級経営における目標や方針。子どもが設定する学級目標。各係活動の目標。個人がもつ目標。その他たくさんの目指すべきものが，学校にはあります。たくさんありすぎて，覚えるのも大変というのが正直なところかもしれません。

　でも，これらの目標や方針がなかったら，どうなるでしょうか。それぞれが自分の思いに沿って進んでいくでしょう。たとえそれが誤った方向であっても。それでは，学級集団をつくっていくことはできません。

　すべての目標や方針は，根幹のところでつながっています。それぞれが，上位の目標や方針を受けて設定されています。最上位の目標や方針に向けて，発達段階や教育環境，子どもの実態などに合わせたものがあるからこそ，全員が同じ方向を見ることできます。同じ方向を見るからこそ，それぞれに合った進み方を考えることができるのです。

　教師も，子どももそのような方向性を見つけ，同じベクトルで進んでいけるようにするのが，このカードです。

学級経営のカードは，
「Coordinate（つながりを調整する）」
「Assessment（把握・理解する）」
「Relation（つながりをつくる）」
「Decision（方針を決定する）」
の４つのカテゴリーの頭文字をとって「CARD（カード）」と名づけました。

　それでは，学級経営の CARD（カード）の使い方と「個別最適な学び＝ I
can の発見」「協働的な学び＝ We can の体験」について，実際の学級経営
をイメージしながら説明していきます。

2 学年始まり

学年始まり

Coordinate
つながりを調整する

Assessment
把握・理解する

Relation
つながりをつくる

Decision
方針を決定する

(1) 出会う前に出会う
(2) 引き継ぎでは客観的事実を把握する
(3) 当たり前のような安心をつくる
(4) 「We can の体験」を創造するために
(5) 学年経営方針をそろえる
(6) 教師の思いと子どもたちをつなげて山頂を目指す
(7) 伏線でつなげて「We can の体験」を創造する

I can
の発見
一人ひとりの得意なこと，苦手なことを把握し，教師と子どもがつながる準備をする

We can
の体験
どんな子たちがいて，どんな力を育てていくのか，ストーリーを準備する

♣ (1)　出会う前に出会う

　始業式に子どもたちに出会い，その瞬間から学級がスタートします。しかし，子どもたちと出会ってからが学級経営のスタートでは間に合いません。

　初めて出会ったときに，誰よりも一番早く声をかけた方が良い子。しばらくたってから声をかけた方が良い子。自己紹介をさせても大丈夫な子，大丈夫ではない子。学級には，さまざまな子たちがいます。どのような子がいて，担任として配慮しなければいけないことは何か，配慮した方が良いことは何か，子どもに任せて良いのはどんなことかなど，学級がスタートする前に把握していなければいけないことがたくさんあります。

　では，学級のスタートを前に，どのような準備を進めたら良いのでしょうか。いくつか例を挙げながら考えていきましょう。

①　「I can の発見」

♣ (2)　引き継ぎでは客観的事実を把握する

　「I can の発見」という言葉通り，1年間かけて，その子の「できる」に気づかせていきます。ただ，子どもは，自分自身で自分の良さに気づくことは難しいです。ですから，学級生活を通して，自分の可能性に気づかせていくのが教師の役割です。そのためには，その子がどんな子なのかを理解しておく必要があります。

　各学校では，子どもを担任する前にその子についての情報を伝え合う「引き継ぎ」が行われるでしょう。引き継ぎでは，子どもに関するさまざまな情報を得るこ

とができます。自分が担任するときに欲しい情報もあれば，前担任が伝えたい情報もあります。その両者が合致すれば良いのですが，そうはいかないこともあります。前担任がひたすらしゃべり続けて終わってしまうこともあるかもしれません。

　では，新たに担任する際に必要な情報とは，どのようなものでしょうか。まず，その子の人間関係やトラブルなどについて聞く必要はあります。ただし，気をつけたいのは，どういった経緯でそのトラブルが起きたのか，トラブルでその子はどういう行動をとったのかなど，客観的事実を，正確に把握するようにすることです。

　なぜ「客観的事実」にこだわるのかというと，前担任の主観や感情が介入してしまうと，偏見をもって子どもと接することになるからです。

　前担任としては，どんな苦労をしたのかわかってもらいたいという気持ちや，同じ苦労をしないようにという優しさなどから，どうしても感情的な情報も伝えてしまいます。仕方がない部分もありますが，客観的事実と前担任の感情とをしっかりと分けて聞き取っていく必要があります。前担任の学級経営と自分の学級経営とは違ってくるでしょうし，その子を取り巻く学級集団としての環境も違ってくるからです。

　もっと言えば，その子自身も良いリスタートを切りたいと思っているかもしれません。客観的事実をどう解釈するのかで，子どもの反応が変わってきますし，その解釈次第で，子どもが教師のことを味方と見るか，敵と見てしまうか決まってしまうのです。

　前担任からの主観的解釈には，共感的に耳を傾け，客観的事実についてをしっかり把握するようにしましょう。

(3) 当たり前のような安心をつくる

その他に，その子の得意なことと苦手なことについて聞き取って把握しておきたいです。

得意なことは，その子の「できる」を発見するために貴重な情報となります。一方で苦手なことは，それがどういう苦手さなのかをじっくり見ていかねばなりません。じっくり見ていくことで，改善が必要なのか，本人の努力だけでは苦手の克服は難しいものなのか，自分が担任したときに判断していくことになります。

また，支援の対象になっている子の中には，個別の教育計画や支援シートなどを作成している子がいます。こうした資料については，すべて目を通します。

支援シートは，基本的に保護者が作成する資料です。保護者が作成するということは，「適切な支援を受けさせたい」「次の学年に引き継いでほしい」「他の機関とも連携していきたい」などの願いや，保護者のその子への思いが詰まっているはずです。これに目を通し，適切に引き継ぐことで，その子は，安心して学級生活を送ることができるのではないでしょうか。

もっと言えば，「そうした資料にしっかりと目を通してくれている担任」として，保護者も安心して協力者になってくれると思います。

また，在籍は特別支援学級でも，交流という形で通常の学級で学ぶ子たちもいます。交流の仕方は，一人ひとり違ってきますので，決まったマニュアルがあるわけではありません。その子に合わせた交流のあり方を考えていかねばなりません。

通常の学級の担任として，絶対に忘れてはいけないことがあります。それは，「交流という形で学ぶその子も含めて学級経営をする」ということです。交流する子は，お客様ではありません。交流する子も，学級の子の一人です。

制度上の在籍や公簿上の担任など関係ありません。学級という環境を共にしている以上，担任としての責任を果たしていく必要があります。

　もう少し具体的に見ていきましょう。学級名簿は，他の子たちと混合の名簿になっているでしょうか。今から数十年前には，通常級在籍の子の後ろに支援級在籍の子の名前が入っていたことがありました。今では考えられませんね。その子の机やロッカー，荷物をかけるフックなど，他の子と同じように準備されているでしょうか。そうした教室環境を整えることも，子どもたちと出会う前にしておくことなのです。

　家庭環境も多様化しています。一人親家庭もいれば，祖父母と生活している子もいます。その他さまざまな家庭環境があるでしょう。全体に指示を出す場において，「お母さんに伝えてください」「お父さんに伝えてください」と言うのは，配慮に欠けます。「家の人」や「保護者」などの言葉を使うようにすることも，子どもの安心をつくる配慮になります。

　子どもたちは，こうした当たり前のことを当たり前にする担任の姿をよく見ています。担任が当たり前にすることが，子どもたちにとっての当たり前になっていくのです。

　人には得意なことと苦手なことがあります。それは「どのような特性をもっているか」「どの学級に在籍しているか」などは関係ありません。その学級に，縁あって集まった子たちをどう育んでいくのか，それを考えるのが学級担任の仕事であり，学級経営なのです。「インクルーシブ教育」などと，あえて言わなくても，当たり前のことなのです。

　どの子も，学級の中で発揮できる個性があるはずです。その個性を発見し，価値づけていくことが，子どもたちに出会う前に行う「I can の発見」のための準備なのです。

② 「We can の体験」

(4) 「We can の体験」を創造するために

　率直に言って，個と集団は違います。一人の子を見ても，一人でいるその子と接する場合と，集団の中にいるその子と接する場合とでは，明らかにその子の言動は違いますし，担任としての接し方も変わってきます。

　４月に子どもたちと出会う前の段階では，その子がどういう子なのか具体的にわかりません。ましてや集団の中にいるその子を想像することも難しいでしょう。単純に「We can の体験」を想像しようと思っても無理でしょう。

　また，子どもたちが主体的に動けるようにしていくことは大切ですが，子どもたち自身，何もない状況から何かを考えるというのは難しいです。

　この場合，担任が，ある程度子どもたちを方向づける必要があるでしょう。さらには，学習指導要領という指導すべき内容を定めているものがある以上，何でも自由にやって良いというわけではありません。そうしたことを総合的に解釈しながら，子どもたちの「We can の体験」が実現できる環境を作れるよう努めていかねばなりません。

　学年１学級の単級編成の学校の場合は，その方向性を担任が思い描けば良いでしょう。しかし２学級以上の学年団を組む場合，「We can の体験」ができる環境をどう整えていくのかについて，学年団を組む担任どうしで検討しておく必要があります。

(5) 学年経営方針をそろえる

　図６は，５年生を想定した学年経営方針です。各学校でさまざまな形で作成されると思いますので，今回提示したのは，イメージをもっていただくための例として考えてください。

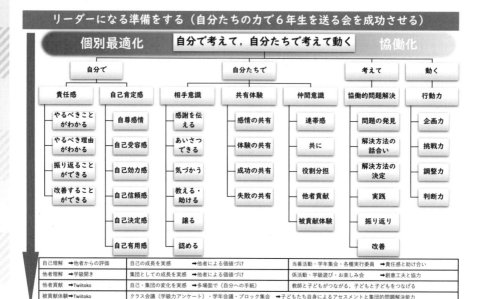

リーダーになる準備をする（自分たちの力で6年生を送る会を成功させる）

| 個別最適化 | 自分で考えて，自分たちで考えて動く | | 協働化 |

自分で			自分たちで			考えて	動く
責任感	自己肯定感	相手意識	共有体験	仲間意識	協働的問題解決	行動力

責任感	自己肯定感	相手意識	共有体験	仲間意識	協働的問題解決	行動力
やるべきことがわかる	自尊感情	感謝を伝える	感情の共有	連帯感	問題の発見	企画力
やるべき理由がわかる	自己受容感	あいさつできる	体験の共有	共に	解決方法の話合い	挑戦力
振り返ることができる	自己効力感	気づかう	成功の共有	役割分担	解決方法の決定	調整力
改善することができる	自己信頼感	教える・助ける	失敗の共有	他者貢献	実践	判断力
	自己決定感	譲る		被貢献体験	振り返り	
	自己有用感	認める			改善	

自己理解 ➡他者からの評価	自己の成長を実感 ➡他者による価値づけ	当番活動・学年集会・各種実行委員 ➡責任感と助け合い
他者理解 ➡学級開き	集団としての成長を実感 ➡他者による価値づけ	係活動・学級遊び・お楽しみ会 ➡創意工夫と協力
他者貢献 ➡Twiitoko	自己・集団の変化を実感 ➡多場面で（自分への手紙）	教師と子どもがつながる，子どもと子どもをつなげる
被貢献体験 ➡Twiitoko	クラス会議（学級力アンケート）・学年会議・ブロック集会 ➡子どもたち自身によるアセスメントと集団的問題解決能力

リーダーになる準備ができたという実感をもたせる
送る会を成功させた自分への手紙　　　成長を振り返る動画

図6　5年生の学年経営方針　例

　5年生における学級経営のゴールを「6年生を送る会」に設定し，そのために，教師として共有していくテーマを「リーダーになる準備ができたという実感をもたせる」と設定したとします。

　子どもたちには，「リーダーになる準備をするために，『自分で考えて，自分たちで考えて動く』」というテーマを提案します。もちろん，子どもたちとの合意形成がされないと実現できません。

　ただ，子どもたちにとっては，一生に一度の5年生という学年です。先が見えない部分もあるでしょうし，「やらなければならないこと」「やった方がいいこと」「やってもいいこと」など，それぞれの学習活動に優先順位をつけていくことは難しいでしょう。優先順位を整理し，導いていくことも，教師には求められていると考えます。

　学級経営の柱となる部分については教師から提案し，それを実現させるた

めのアイデアを子どもたちと相談して決めていくのが良いかもしれません。

　さて，話を戻しましょう。子どもたちには，「リーダーになる準備をする」，それを実現するためにキーワード「自分で考えて，自分たちで考えて動く」を提案し，子どもたちが，それに合意してくれたとして話を進めたいと思います。

　テーマが抽象的で大きいと，それだけ多くのことを包含することはできます。しかし，具体的でないと，教師は指導できません。指導できないということは，評価もできません。評価ができないということは，子どもたちに成長を実感させることもできません。

(6)　教師の思いと子どもたちをつなげて山頂を目指す

　子どもたちの立場で見てみましょう。具体的でないテーマやめあてでは，実際にどのように行動していいかわかりません。ですから，そのテーマを具体的行動に移せるよう，具体化していきます。

　今回の「自分で考えて，自分たちで考えて動く」であれば，「自分で」「自分たちで」「考えて」「動く」の４つに分けられるでしょう。さらに，その４つについて具体的に言語化していきます。言語化することで，学年団を組む教師がそれぞれの個性を活かしながらも，共通の言葉として意識化できるようになります。共通意識があれば，指導に大きなブレが生まれにくくなります。目指すべき山の頂上がそろえれば，登る過程は違っても，最後には共に登頂できるというわけです。

　こうして指導方針をそろえ，定期的に振り返りながら，１年間の学級経営を進めていきます。さまざまな学校生活場面で実現できたことを確認していき，実現できていないものについて，意図的に実現を図っていくようにします。

⑺ 伏線でつなげて「We canの体験」を創造する

　さて，6年生を送る会が終わりました。「リーダーになる準備をする」というテーマの下に進めてきたわけですから，教師は「リーダーになる準備ができたという実感をもたせる」ことを大切にしていることになります。そこで，これまでの伏線を回収できるようにしていきます。

　例えば，一年間の様子を写真に撮りため，それらを見せながら，子どもたちが頑張ったことを振り返らせていきます。

　成長した未来の自分に手紙を書くことも有効な手立てです。例えば4月の段階で，リーダーになる準備をすることへの動機づけをするために，「リーダーになった自分へ」と題して，手紙を書かせます。そしてその手紙を，6年生を送る会を成功させた後，一人ひとりに戻し，読む時間をとります。こうすることで，「自分たちが頑張ったことは，必ず成長につながっている」「そのつながる過程には，大切なものがあるのだ」ということを学んでいくでしょう。「We canの体験」を創造するためには，こうした伏線を大切にしていきます。

　特別支援教育でよく使われる言葉の中に，「見通し」という言葉があります。見通しをもつことが苦手な子は，不安になり，落ち着かなくなることがあります。逆の見方をすれば，見通しをもつことができれば，安心して学習に励むことができるということです。

　通常の学級の学校生活の中では，見通しをもちづらい場面が多いです。だからこそ，「黒板に見通しを提示する」「見えない時間の流れを見える化する」という支援が大切だとされています。

この見通しというのは，子どもだけが必要とするものではありません。私たち教師にも必要なものです。どのような子たちに育てたいかという見通しがあるからこそ，そこに向かっていけるのです。その見通しを学年の教師と共有するからこそ，一緒に進んでいくことができるのです。

　だからこそ，１年間の見通しを学年団と共有していくことを，学級経営をスタートする前に丁寧にしておくことがとても重要になるのです。

4月

Coordinate

つながりを調整する

Assessment

把握・理解する

Relation

つながりをつくる

Decision

方針を決定する

(1) 子どもたちと良い出会いをする

(2) 学級経営の「核」と「枠」を創る

(3) すべての子どもをインクルードする学級経営の「枠」を創造する

(4) 子どもに合わせて学級経営の「核」と「枠」を創造する

(5) 他者貢献で,「I can の発見」をする

(6) 係活動で「I can の再発見」をする

(7) 話し合いで「I can の発見」をする

(8) 集団の中の子どもたちの心理を理解する

(9) 学級目標は,全員の思いから創る

I can の発見 自分が学級に期待するものを全員が発言し,学級の一員であることを実感させる

We can の体験 話し合いにより自分や他者が互いに認め合う経験をさせる

⑴ 子どもたちと良い出会いをする

　４月の子どもたちとの出会いは、とても重要です。

　初めて出会う子どもたちとの出会いが、良いものだったとします。この先生は「面白い」「楽しそう」「安心できそう」などの印象をもってもらえたら、きっと１年間の学級経営はうまくいくでしょう。

　逆に、この先生は「不安だな」「心配だな」「怖いな」「嫌だな」という印象をもったのなら、子どもたちとの関係は難しくなるでしょう。

　人は、最初の印象を補強するような事実を集めようとします。ですから、印象が良い人に対しては、プラスイメージの事実をたくさん集めていきます。「やっぱり良い人だ」と、自分の第一印象を正当化しようとするのです。すると、良好な関係になっていくでしょう。

　一方、印象が悪い人に対しては、その悪い印象を裏付けるように、悪い事実を探し出そうとしてしまいます。そうなってしまうと、うまくいくようなことも、なかなかうまくいかなくなってしまうのです。

　第一印象は、私たちが思っているよりも、大きな影響があるのです。

⑵ 学級経営の「核」と「枠」を創る

　４月は、教師が子ども一人ひとりとつながらなければなりません。つながることで、子どもたちの安心を創っていきます。安心を創りながら、学級経営の「核」と「枠」を創っていきます。

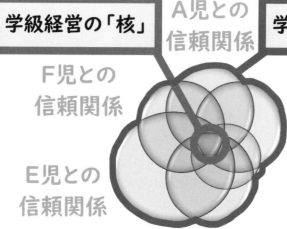

学級経営の「核」 A児との信頼関係 学級経営の「枠」

F児との信頼関係

B児との信頼関係

E児との信頼関係

C児との信頼関係

D児との信頼関係

図7　学級経営の「核」と「枠」

　上條（2022）[8]は，学級経営をする際に「核」と「枠」が存在するとしています（図7）。具体例をもとに説明します。

　仮にB児との信頼関係を1つの円で表現します。C児は，以前兄弟を担任していたこともあり，すでに関係性はあると考え信頼関係構築に要する円の大きさは小さめに表現しています。配慮を要するE児は，信頼関係構築のために他の子よりも大きな力を要するので，大きな円で表現するといった具合です。

　それらの円を重ねると，すべての子の円が重なり合う部分が出てきます。それを学級経営の「核」と名づけます。学級経営の「核」とは，すべての子が共通して学級に願うこと，つまり「安心できる」「いじめがない」などがあたります。学級経営の「核」は，「どのような子がいるから」「どのような

8　上條大志（2022）『つながりをつくる10のしかけ』東洋館出版社

担任か」「どのような学級か」などは関係ありません。どの学級でも共通する部分であり，絶対的な安心感に重なるのが，この学級経営の「核」です。

(3) すべての子どももインクルードする学級経営の「枠」を創造する

　次に，学級経営の「枠」について考えていきます。先ほどの円が重なった図7を見てください。重なり合う円の外側すべてを包含する曲線があります。これが学級経営の「枠」です。

　学級経営の「枠」は，学級によって形が違います。なぜなら学級を構成する子どもたちが違うからです。そこからはみ出る子を出さないようにすることが，学級経営の「枠」創りで重要なところです。

　一昔前の学級経営でも，子どもを学級経営の「枠」から，はみ出さないようにしていたかもしれません。でも，当時は，「教師の枠」が存在し，その枠に何とかはめ込もうとしている部分がありました。しかし，どうしてもその「教師の枠」にはまらない子が出てきます。その子たちは，不登校など何らかの形で学級から離脱してしまっていました。

　「インクルーシブ教育」という言葉があるように，今求められる学級経営は，すべての子を包含するものです。学級に合わせられないから，担任のやり方とは合わないからなどの理由で，子どもが枠から外れるということがあってはなりません。外れてしまったのならば，教師が，その枠を設定し直していく柔軟性が必要なのです。もちろん，登校を選択しない子がいるならば，そこに合わせた「枠」を設定していきます。

(4) 子どもに合わせて学級経営の「核」と「枠」を創造する

　この学級経営の「核」と「枠」を混同してとらえてしまうと，学級はうまく経営できません。絶対にぶれることがないようにすべき「核」に対して，子どもたちに合わせて流動的に設定していく「枠」。この両者のバランスが

大事です。

　そして、絶対に押さえておきたいことがあります。それは、「子どもによって決まる」ということです。先ほども述べましたが、昔は教師が学級経営の核を決定し、教師の考える学級経営の枠を設定していたように思います。そこに子どもたちを当てはめていたのです。もちろんそうではない教師もいたでしょう。でも、教師の色に染める学級経営が否定されることは少なかったのではないでしょうか。むしろ、それが美化されていたかもしれません。しかし、今は、子どもが主体の学級経営、自治的集団づくりが求められているのです。

　子どもの願いや思いを重ね合わせた「核」と、子どもの個性を前提に設定する「枠」。それらを意識して４月の学級開きをしていきたいですね。

　教師は、この学級経営の「核」と「枠」を創り出すために、子ども一人ひとりを理解し、すべての子どもたちが安心できる学級経営を目指していかねばなりません。

① 「I can の発見」

(5) 他者貢献で、「I can の発見」をする

　「I can の発見」を考えたときに、その「can ＝できる」は、何ができることを意味するのでしょう。教育の目的にもある「社会の形成者の育成」を考えた場合、社会と自分とのつながりが、その１つだと考えます。小さな社会とたとえられることが多い学校で考えた場合、学級集団と自分とのつながりということになります。つまり、どうやって学級集団と自分とがつながるのか、どういう役割を担うのかを発見していく必要があるのです。

一人ひとりには存在価値があり，学級集団に対してできることがあるはずです。学級集団を活用しながら，自分にできることを発見させ，整理し，価値づけていくことが，この時期の「I can の発見」になります。具体的な例を２つ紹介します。

　１つは，役割分担です。誰かに貢献したり，誰かを助けたりすることによって，「自分はこんなことができるのだ」と認識し，自分にできることを確認することができます。そのためには，学級のために何か役に立つという体験をさせていきます。その良い例が，当番活動や係活動です。

　当番活動とは，「学級が機能していく際になければ困るもの，誰かがやらなければ困ることなどを分担していくもの」です。給食当番や掃除当番，黒板や環境を整備する当番などです。少し強制的な印象がありますが，みんなのために自分ができることをしかけることで，自分の存在価値を確認することができます。

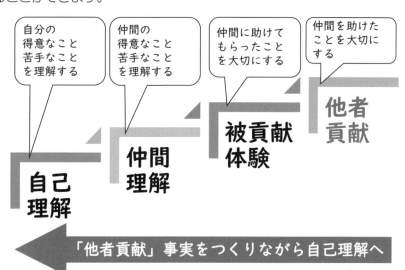

図8　自己理解から他者貢献へのステップ

図8は，自己理解から他者貢献へのステップをまとめたものです。自己理解は，自分自身と向き合ったり，他者との関係を考えたりする上で，とても重要になります。しかし，自己理解は，子どもたちにとって，とても難しいものです。子どもたちに自己理解についてわかりやすく説明するときに，私は「個性とは，得意なことと苦手なことがあることです」と説明します。子どもにとって，この伝え方が一番わかりやすいようです。

　自分の得意なことと苦手なことを理解した子は，友達の得意なことと苦手なことが気になり理解するようになります。友達が得意なことを知ったので，友達に助けてもらう経験をします。友達に助けてもらった経験によって，今度は自分の得意なことで友達を助けようという気持ちが芽生えます。こうして他者貢献できる自分へステップアップしていきます。

　ただし，このようなステップアップは，なかなかうまくいかないこともあります。そのときは，最後のステップである「他者貢献」を事実として感じられる場面を意図的に創り，「誰かの役に立った」というところから逆算的に自己理解にたどり着くこともあるのではないでしょうか。これが，当番活動そのものだと考えています。

　当番活動をしていると，友達から「ありがとう」と言ってもらえるような場面が生まれます。「誰かの役に立てる」という自己有用感を味わえるのです。

(6)　係活動で「I can の再発見」をする

　係活動は，創意工夫が求められる活動です。当番活動と比較するのであれば，「なくてもいいけど，あったら豊かな学級生活になるというもの」だと考えます。

　そこは，子どもたちの個性が最大に発揮される絶好の場です。例えばAさんは，折り紙が得意です。折り紙をプレゼントしたり，折り紙で教室を飾ったりする

ことで，学級に貢献する係を立ち上げます。友達から「すごい」「上手だね」などと言葉をかけられることで，さらに自己の存在価値を再確認し，高めていくことができるでしょう。

　Bさんは，友達を笑わせることが大好きです。定期的にお笑いライブを開く「お笑い係」を立ち上げます。友達が笑う姿を見て，自分の良さを確かめていくことができるでしょう。

　Cさんは，学級を盛り上げようと，何かコンテストを企画し開催する係を立ち上げます。折り紙コンテストを開催したならば，先ほどのAさんが大活躍できるでしょう。お笑いコンテストを開催したならば，先ほどのBさんが大活躍するでしょう。そして，コンテストを企画したCさんは，それぞれの活躍の様子を見て，自分の活動によって友達の笑顔が生まれたことを知り，自分の良さを再発見していきます。

　こうした係活動は，子どもたちの裁量がかなり大きくなるため，活動した際の達成感は，大人が思っているよりも大きなものになっていきます。

(7)　話し合いで「I can の発見」をする

　もう1つは，学級目標です。学級目標は誰のためにあるのでしょう。もちろん子どもたちのためです。子どもたち一人ひとりが，どのような学級を求めているのかを確認しながら，学級目標を設定していく必要があります。

　学級目標を決め，それを目指していくこと自体は「We can の体験」になる部分が多いかもしれません。でも，学級目標を決める際の話し合いで，全員が発言し，全員が自分の思いを伝える。それを自分以外の全員が聞いてくれる。

そのことによって学級ができていく過程では，学級の一員であることを実感します。学級の一員として活躍できるという意味で，「I can の発見」ということができます。学級目標についての具体的な例は，「We can の体験」でご紹介します。

②　「We can の体験」

(8)　集団の中の子どもたちの心理を理解する

　極端に言えば，学級集団の中にいる個人の関わり方は，集団に対して貢献的か非貢献的かの二択になるでしょう。個人にとっては，集団に貢献するよりも，非貢献を選んだ方が，苦労しなくて済みますし，我慢しなくて良いなど，ポジティブな結果に結びつくかもしれません。

　しかし，学級全員が非貢献を選んだとします。すると，学級は，崩れていくでしょう。逆に，全員が貢献を選んだ場合，一人ひとりには，それほどポジティブな結果を得られないかもしれません。でも，学級全体としては，それほどネガティブな結果は感じないでしょう。これは，「社会的ジレンマ」という心理学用語が意味する状況です。

　子どもたちの中には，個（自分）を優先するのか，集団（学級）を優先するのか葛藤が生じます。その葛藤の中で，折り合いをつけながら，「ちょうどいい」を探していくのです。これは，社会で生きていくためには，とても大事な力になります。

(9)　学級目標は，全員の思いから創る

　では，学級目標設定の場面を想定して，「We can の体験」について考えていきたいと思います。学級目標の設定方法にはさまざまあると思います。私は，次のように考えています。

まず，子どもたち全員に「こんなクラスはイヤだ」というものを聞きます。「こんなクラスはイヤだ」という主張に含まれるのは，これまでのその子の学級履歴です。これまで所属していた学級を思い返し，安心して過ごせなかったり，満足できなかったりした部分が出てきます。ただし，これは人それぞれ違ってきます。図9に示したように，「仲間外れ」がイヤだという子もいれば，「メリハリがない」のがイヤな子もいるでしょう。中には，「悪口」がイヤだという子もいます。一人ひとりの子どもの思いを知るだけでなく，これまでの学級履歴を把握できる大切なものになります。

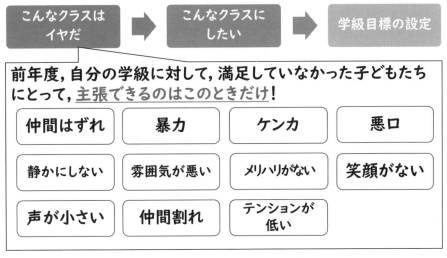

図9　こんなクラスはイヤだ

　子どもたちは，4月の出会いのときに「今年も，あるいは今年こそはいいクラスがいいな」と思っているはずです。しかし，1日，2日，1週間，1か月と学級生活を送っていくにつれて，「また今年も我慢しなければならないのか」と，学級に対する期待感を失っていきます。だからこそ，4月の初めに「こんなクラスはイヤだ」について聞き，どんなことに気をつけていけば良いのか共有しておくことが，子どもたちの目安になるのです。子どもた

ちが，学級に対する思いを正直に表現できるのは，4月の出会いの時期だけなのです。

　さらに言えば，先ほど学級経営の「核」と「枠」について述べました。この「イヤだ」という思いは子どもたちにとって学級づくりの「核」になります。子どもたち全員の思いをかなえる学級にするには，「こんなクラスはイヤだ」という「核」から外れないようにしていくのです。

　次に，「こんなクラスにしたい」を聞きます。これを聞くことで，学級経営の「枠」を子どもが共有することができ，これが学級の個性になります。ここを共有しないことには子どもたちは，自分は，学級のためにどうしたいのかわかりませんし，どの方向にクラスとして進んでいったら良いのかわかりません。

　これについても，一人ひとり学級に対する理想像が違ってきます。図10の例に出したものでは，「団結力がある」とか，「元気がある」とか，それぞれのクラスの理想像が表現されています。一人ずつの思いを見たとき，一見相反するように見えるものも出てくるかもしれません。しかし，どちらかを選

図10　こんなクラスにしたい

ぶのではなく，その両方，あるいはそのすべてを尊重していくことが，学級づくりには必要です。

　ここで，先ほど述べた「社会的ジレンマ」が生じます。子どもたち主体の学級づくりで考えれば，「学級ジレンマ」とでも言いましょうか。学級ジレンマの中で，折り合いをつけながら，最適解を見つけていく。このことは，社会生活を送る上でも，必要な力だと思います。それを体験的に理解していくのです。

　ここで共有した「こんなクラスはイヤだ」と「こんなクラスにしたい」という２つの項目をもとに，学級目標を設定していきます。

　現実と学級目標があまりにも離れてしまうと，子どもたちの達成意欲は減退していきます。ですから，どのぐらい目標に近づけているか定期的に振り返るようにします。全員の思いが実現できたときには，「私たちはできた」という大きな成功体験をもつことにつながるのです。学級として一番大きな「We canの体験」をスタートさせるために重要なのは，４月の学級開きであり，学級目標の設定なのです。

4 **5月**

5月

Coordinate

つながりを調整する

Assessment

把握・理解する

Relation

つながりをつくる

Decision

方針を決定する

- (1) 子どもと子どもをつなげる
- (2) 子どもと子どものつながりを調整する
- (3) 子どもの行動を客観的に分析する
- (4) 引き継いだことをもう一度見直す
- (5) 行事や学習活動を集団づくりのしかけにする
- (6) 「いつもと違う」を子どもに委ねる
- (7) 共有体験がつながりを創る

I can の発見 一人ひとりが学級に対して貢献する場面をつくり，自分の可能性を実感させる

We can の体験 全員で取り組む活動を仕組み，共有体験により，集団の良さを実感させる

54

⑴　子どもと子どもをつなげる

　学級がスタートして１カ月がたつと，おおよそ子どもたちのことは理解できるようになってきます。つまり，教師と子どものつながりができてきたということです。ただ忘れてはいけないのは，教師と子どもがつながることが目的ではないということです。教師と子どもがつながることを通して，子どもと子どもをつなげていくのです。その先に教育の目的の達成があるのです。

　では，子どもと子どもをつなげるという視点で５月の「I can の発見」と「We can の体験」について考えていきましょう。

①　「I can の発見」

⑵　子どもと子どものつながりを調整する

　引き継ぎを受ける中で，対応に工夫が必要なＡさんがいたとします。４月初めは，担任の様子を見たり，今年度の学級の中での自分の立ち位置を探したりするため，比較的おとなしくしている。こういうタイプの子もいますよね。

　しかし，学級生活に慣れてきた５月くらいには，徐々に引き継ぎにあったような適切でない行動が現れてきます。これは２つの見方ができるのかなと思います。１つは，慣れてきたことによって自分を出せるようになったという見方。もう１つは，自分を出せるからこそ，「これが自分なのです」と主張しようとしていると解釈する見方です。

　いずれにせよ，学級集団として全員が安心して学級生活を送るために，適切でない行動は修正する必要があります。

　冷静にとらえると，４月はできていたことが，５月にできなくなっているということです。「I can の発見」ではなく，「I can't の再発見」とでも言いましょうか。いずれにせよ，このＡさんにとっても，学級の子たちにとっ

ても，集団として適切な行動に修正していくことが必要です。
　以下，具体的場面を想定して考えていきましょう。

架空事例　Aさん
　友達を叩いてしまったり悪口を言ってしまったりする。個別の対応を
したり，大人が一人ついていたりしないと対応が難しい。

というような引き継ぎがあったとします。ここでは，「見えている事実」と
「見えない真実」を見極めることが重要です。「見えている事実」を，「友達
を叩く」という行動としましょう。「見えない真実」は，「なぜ叩くのか」と
いう理由，つまりその子の中にある「声なき声」。それを聞き取ることが必
要になります。
　「友達を叩く」という行動から，どんな声なき声が聞こえてくるでしょう
か。特別支援教育の中で応用行動分析という言葉をよく耳にします。
　三田地ら（2019）[9]は，「大人の多くは，『ありのままに現象を観る』訓練
をほとんど受けてきていません。そのために自分の目の前でどのようなこと
が起きているのかということを，客観的に起きている事実を飛び越して『解
釈だらけ』の見方で語ってしまいがちなのです」と述べています。
　私たちが得ている引き継ぎ情報は，どれほど客観的事実に即しているでし
ょうか。引き継ぎ情報を提供する教師の解釈が，どれほど入っているでしょ
うか。もし，客観性に乏しい引き継ぎ情報ならば，それを信じれば信じるほ
ど，子どもの本当の思いや願い，声なき声を聞き取ることはできないでしょ
う。だからこそ，客観性のある「見えている事実」と子どもの内面にある
「見えない真実」とを明確に分け，子どもと向き合う必要があるのです。

---

[9] 三田地真実・岡村章司著，井上雅彦監修（2019）『保護者と先生のための応用行動分析入門ハンドブッ
ク　子どもの行動を「ありのまま観る」ために』金剛出版

(3) 子どもの行動を客観的に分析する

　さて，Aさんの話に戻りましょう。Aさんの「友達を叩く」という行為の後は，どんなことが起きているでしょうか。おそらく叩いた後，その友達はやり返そうと追いかけているでしょう。そのときのAさんは，どんな表情をしているでしょうか。もし楽しそうに笑っているとしたら，Aさんからは，「友達と遊びたい」という声なき声が聞こえてくると考えられます（図11）。

理由（わけ）		不適切な行動		結果と対応
友達と遊びたい	⇒	友達を叩いて逃げ回る	⇒	友達は泣き，やりかえす

図11　不適切な行動の前と後

　なぜなら，本人の楽しそうに逃げる表情が見えたからです。叩くことで結果的に追いかけっこという遊びが成立してしまっていました。決してAさんに悪意があるわけではないでしょう。友達と遊びたいという思いをもつことも問題はありません。問題なのは「友達を叩く」行動です。ですからAさんの行動をよく観察し，どういう声なき声が聞こえてくるのかをとらえ，結果的にAさんの思いが達成されるようにするにはどういう行動をしたらよいか教える必要があるのです。例えば，「叩く」のではなく「服を褒める」という別の行動を教えます。「その服似合っているね。かっこいいね」と相手に声をかけた後，「一緒に遊ぼう」と伝える。Aさんとそういう作戦を立てます。

　そして，遊びたいと思っている相手には，「Aさんが優しい関わり方をしてきたときには一緒に遊んであげてね」と伝えておきます。なぜこれが必要かというと，「教師のアドバイスにより行動を修正すれば自分の思いがかなう」ことをAさんに実感してもらうためです。ここで失敗してしまうと，もう教師のアドバイスを聞いてくれなくなります。絶対に失敗が許されない。だから綿密な調整が必要なのです（図12）。

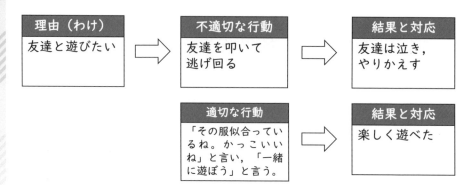

理由（わけ）		不適切な行動		結果と対応
友達と遊びたい	⇨	友達を叩いて逃げ回る	⇨	友達は泣き，やりかえす

適切な行動		結果と対応
「その服似合っているね。かっこいいね」と言い，「一緒に遊ぼう」と言う。	⇨	楽しく遊べた

図12　不適切な行動を適切な行動に置き換える

　こうした成功体験を積むことで，Ａさんの友達との関わり方の幅が広がります。言い換えれば，たくさんの「I can」を発見することができるのです。

　行動を調整しながら，子どもと子どもを適切につないでいく。それが学級経営における教師の役目です。

⑷　引き継いだことをもう一度見直す

　ここで，学級が始まる前に確認した個別の教育計画や支援シートに，もう一度目を通します。子どもと出会う前に読んだのと，出会ってから読むのとでは，見えてくるものが違ってきます。子どもと出会ってから読み直すと，子どもの表情や子どもが活躍したり困ったりする場面が浮かびやすくなります。

　個別の教育計画や支援シートに書かれていることが実際と合致することもありますが，その子を担任したとき，自分の目では見えてこないこともあります。

　引き継がれたことを大事にするのは必要です。でも，自分の目で，肌で感じながら，その子の接し方を検討していくことも必要です。だからこそ，このタイミングで個別の教育計画や支援シートを見直すことが大事なのです。

　もっと言えば，個別の教育計画や支援シートで「合理的配慮」が検討されている場合があります。これについても，子どもが学習に向かえる可能性を引き出すものですから，本人や保護者とよく相談し，再検討していきましょう。

② 「We can の体験」

(5) 行事や学習活動を集団づくりのしかけにする

　5月。この時期に集団の楽しさを実感させておくことが重要です。先ほど「学級ジレンマ」に言及したように，集団を優先するか，個を優先するか，子どもたちは常に葛藤の中にあります。集団を大切にすることを，頭では理解していても，実感が伴わないと，その理解は次第に変化していきます。そして，人間であれば，集団よりも自分を大切にしようとしていくでしょう。

　「We can の体験」を実感させるためにも，担任として，集団の良さを実感できる何かを，意図的にしかけていく必要があります。これは授業でも，校外学習でも，特別活動でも，何でも良いのです。全員で話し合い，全員で取り組み，「全員」での良さを実感できることが重要です。もちろん，「全員」というのは，「一堂に会して」が望ましいでしょう。でも，先ほど述べたように，多様性に合わせて学級経営の「枠」を創っていくのですから，しかけも多様です。

　大事にしたいのは，集団で何かを話し合い，決定していく際に，一人ひとりの集団への所属感を大切にしていくことだと考えます。

(6) 「いつもと違う」を子どもに委ねる

　この時期に遠足や校外学習を予定する学校も多いでしょう。高学年であれば宿泊学習や修学旅行が計画されているかもしれません。

　そうした日常とちょっと違う行事や学習活動は，「We can の体験」を価値づける絶好のチャンスになります。例えば，校外に出るような大きな行事があったとします。全体の日程等は，学習の目的や安全管理の問題，時間の制約などから，教師が設定することがほとんどかもしれません。

　その中でも一部分で良いので，子どもたちに企画を委ねる部分を作ること

が大切です。子どもたちが企画し，子どもたちが運営し，子どもたちによって活動が完結する。そういった場面を意図的に創っていきます。

　例えば，バス移動を伴う校外学習があったとしましょう。バスの中でのレクリエーションを企画させるのは，とても良いアイデアだと思います。遠足で自由行動の時間があるならば，その時間の過ごし方について話し合わせ，計画を立てさせるのも良いでしょう。

　こうした大きな行事がないのであれば，学級活動の時間を使って，お楽しみ会を企画するのも良いでしょう。とにかく子どもたちが企画し，子どもたちが運営し，子どもたちによって活動が完結する場面を創っていくのです。

　同じ目的，同じ時間，同じ感情を共有する。これにより子どもたちは，「自分たちの力でできるのだ」「大人の力を借りなくてもできることがあるのだ」ということを学んでいきます。これは，とても大きな自信になるはずです。そして，その自信によって「自分たちができる」「自分たちでできた」から，「自分たちはできる」「自分たちならできる」というように，子どもたちの意識が変化していきます。

　ただし，これには経験が必要です。何度も失敗し，やり直していく中で変化が生まれてきます。ですから，一度うまくいかなかったからといって，子どもたちに任せるのをやめてはいけません。なぜなら，うまくいくことが目的ではなく，全員で考え挑戦することを通して，「We can の体験」を実感させることが目的だからです。

　もし，うまくいかなかったのであれば，何がうまくいかなかったのか，なぜうまくいかなかったのかなどを話し合う時間も設けていきます。そして，教師は，結果的にうまくいかなかった場合も，企画段階で話し合う様子や子どもたちの表情，実際に取り組んでいるときの頑張る姿，うまくいかず失敗について話し合うこと自体の価値などに気づけるような言葉がけをしていきます。こうした取り組みを繰り返すことで，子どもたちの中に「We can」が確立されていくのです。

⑺ 共有体験がつながりを創る

　近藤（2010）[10]は，「体験や経験の共有が先にあり，その後で，あるいはそれと同時に感情や意思の共有が生じるのではないか」と述べています。さらには「『感情から行動が生じる』のではなく，『行動から感情の変化へ』という流れである」とも述べています。多くの学級集団は，共に過ごす時間が1年間に限定されています。限られた時間の中で，子どもたちは集団意識を育んでいかなければなりません。そう考えたとき，近藤が指摘するように，限られた条件の下，一つ一つの行動や行事への取り組み方などを通して，心のつながりを生み出していく必要があるのです。

　さらに，近藤（2010）は，体験や経験の共有について6つの分類を示しています（図5再掲）。行事やレクリエーションなどで共に過ごすということは，19ページで述べたように，共有体験の宝庫です。

　共有体験を意識していくことが，「We can の体験」の本質なのかもしれません。

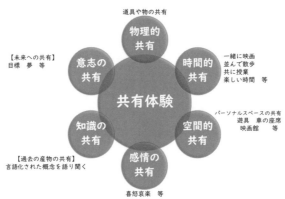

図5　6つの共有体験（近藤，2010を参考に著者作成）（再掲）

10　近藤卓（2010）『自尊感情と共有体験の心理学　理論・測定・実践』金子書房

6月

 Coordinate つながりを調整する	 Assessment 把握・理解する	 Relation つながりをつくる	 Decision 方針を決定する

(1) 効果的な動機づけをする

(2) 係活動で動機づける

(3) ネガティブな波を乗り越える

(4) ネガティブなつながりを調整する

(5) 問題解決スキルを身につけさせ，「We can の体験」をさせる

 トラブルに対して，自分の考えをもって向き合い，自分にできることを探させる

 トラブルに対して，集団解決を図り，その過程や成果を価値づける

① 「I can の発見」

　4月の「I can の発見」では，当番活動と係活動について紹介しました。これらは，自分の興味・関心を前提に自分と学級とがつながる取り組みでした。ですから，子どもたちは，活発に活動を進めていきます。しかし，次第にその動機づけは低下していくかもしれません。慣れや怠惰が出てしまうのは，仕方がないことです。人間ですから。でも，教師の仕事は，そうならないように，子どもたちをコーディネートしていくことです。そこで，動機づけを維持するためのしかけが必要なのです。

(1)　効果的な動機づけをする

　ここで，動機づけについて考えてみます。

　外山（2011）[11]は，動機づけについて「アメとムチ」の話を用いながら説明しています。報酬——特に現金——が，人の動機づけを低下させてしまうこと，そして，人の動機づけを高めるのには，内発的な動機づけが重要だと指摘しています。

　「○○したら，○○を与える」といった交換条件は，内発的動機づけを阻害するものになり，次第に本来の目的が交換によって得られるものを得ることにすり替わってしまいます。つまり，「アメ」は，本来の動機づけとして機能しないというのです。

　また，「ムチ」についても，保育園の迎え時刻の超過に対する罰金制度の導入を例に説明しています。迎えの遅れを減らすために，罰金制度を導入した結果，迎えの遅れは減るどころか，増えてしまったというのです。「お金を払っているから良いだろう」というとらえ方になってしまったようです。

　以上の研究からも，アメもムチも本来求めているような効果をもたらさないことがわかりました。では，どうすることが本当の意味での動機づけを高

11　外山美樹（2011）『行動を起こし，持続する力　モチベーションの心理学』新曜社

めることにつながるのでしょうか。

　外山（2011）[12]は，動機づけを高める，あるいは動機づけを低下させないために，次のような「ほめ方」を提案しています。

　1つ目は，「誠実にほめる」ことです。「ほめる」ことには，上下関係をはらんでしまうという側面もあります。ほめることが効果を発するのは，ほめられる人とほめる人の良好な信頼関係が前提です。誠実かどうかは，信頼関係に依存するところが大きいのです。

　2つ目は，「特定の行為を具体的にほめる」ことです。漠然とほめると，どこをほめられているのかほめた側とほめられる側にずれが生じてしまう可能性があります。そのずれが生じないように，具体的にほめることが大切なのです。そうすることで，他者から自分への評価を気にするのではなく，具体的な行動自体を気にするようになり，自己の成長に集中することができるのです。

　3つ目は，「努力したことをほめる」ことです。努力をほめられた人は，モチベーションが高まり，努力を惜しまず，困難に直面してもくじけず，最高のパフォーマンスを収める可能性が高くなるそうです。

　一方で能力をほめられた人は，困難な状況を避けるようになり，まじめな努力をしなくなり，目の前の壁が立ちふさがるととたんにやる気をなくすことになりやすいそうです。ほめる側が，子どものどの部分を強化したいのか，繰り返させたいのかを明確にもってほめることが大切なのです。

　4つ目は，「肯定的なフィードバックを与える」ことです。ほめる側が相手をコントロールしようとしてほめると，その人の自律的な行動は生まれていきません。その人の成績や成果などに対してほめることは，課題や行動に対するフィードバックとなり，内発的動機づけは高まっていくのです。

　これらのことから，その子の「できた」をほめる際には，「良好な人間関係」の上で，その子が「努力したところ」を「具体的に」「肯定的にフィードバック」していくようにすることが大切といえます。

---

12 外山美樹（2011）『行動を起こし，持続する力　モチベーションの心理学』新曜社

⑵ 係活動で動機づける

　具体的場面で考えてみましょう。4月から係活動を始めています。そのフィードバックとして，この時期に係活動アンケートを行います。

　「この2カ月の間で，一番クラスのために貢献していた係は，何係ですか？」「それは，どんなことからそう思いましたか？」というアンケートを取ります。もちろん他の質問を作っても結構ですし，質問自体が違っても良いです。重要なのは，「良好な人間関係」で，その子が「努力したところ」を「具体的に」「肯定的にフィードバック」していくことです。自分の行動が他者からどう見られているのかを知ることです。

　「この2カ月の間で，一番クラスのために貢献していた係は何係ですか？」という質問は，自分たちの係活動に肯定的であることを確認するためのものです。

　「それは，どんなことからそう思いましたか？」という質問は，具体的にフィードバックするためのものです。実際係活動は，それぞれ工夫して活動しているでしょうし，子どもたちにとって努力の一部になっていると思います。さらに，子どもどうしの評価は，互いにコントロールしようとするものではないので，内発的な動機づけにつながりやすくなります。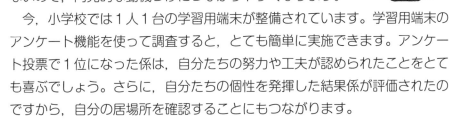

　今，小学校では1人1台の学習用端末が整備されています。学習用端末のアンケート機能を使って調査すると，とても簡単に実施できます。アンケート投票で1位になった係は，自分たちの努力や工夫が認められたことをとても喜ぶでしょう。さらに，自分たちの個性を発揮した結果係が評価されたのですから，自分の居場所を確認することにもつながります。

　そして，このことは，さらなる動機づけになり，より主体的な係活動を展開するようになります。「I can の発見」から，「I can の再発見」へと発展していくのです。

② 「We can の体験」

（3） ネガティブな波を乗り越える

　担任を経験していると，１年間の学級経営の中には，いくつか波が来ると感じます。子どもたちが乗りに乗って学級がうまく機能していくポジティブな波。学級がうまく機能せずトラブルが重なるネガティブな波です。共感していただけるでしょうか。

　ポジティブな波は，いくら来てもうれしいのですが，ネガティブな波も必ず押し寄せてくると経験上思っています。波の大小の違いはあるかもしれませんが，どんなに力のある先生も，何年も経験を重ねたベテランの先生も，１年間に押し寄せるこの波は経験していると思います。

　私の経験上，トラブルなどが起きるネガティブな波は，６月と12月（11月）頃に来るように感じています。そうです，６月です。子どもたちも学校生活に慣れ，教師とのつながりにも慣れ，子どもどうしのつながりもできてきた時期です。

　中野（2017）[13]も，「学校で学級崩壊が増えたり，いじめが発生しやすい時期は，５〜６月や10〜11月だと言われます」と脳科学の観点から述べています。

　ネガティブな波をよく分析していくと，子どもどうしのつながりにおけるトラブルが起きていることが多いようです。例えば，AさんがBさんと喧嘩をしているとか，いじめに似た構図の人間関係ができてしまっているなどです。

---

[13] 中野信子（2017）『ヒトは「いじめ」をやめられない』小学館

子どもたちは傷つき，教師は何とか改善を図ろうと一生懸命になります。その一生懸命さが方向性を誤らせると，教師が禁止事項を押しつけ，子どもたちのストレスを生み出し，さらに大きなトラブルへと発展させてしまうこともあります。

　人間関係のトラブルは，子どもと子どもがつながっている証拠でもあるのです。子どもと子どもをつなげようとしているがゆえに，結果として，良くないつながり方をしてしまい，トラブルになるわけです。

⑷　ネガティブなつながりを調整する

　では，どうすればこのネガティブな波を乗り越えることができるのでしょうか。結論から言えば，子どもと子どものつながりを修正していけばいいのです。不適切なつながりであったならば，適切なつながりになるように，つなぎ直せばいいわけです。人間関係のトラブルは，人間関係の中だからこそ，調整し修正できるのです。

　子どもと子どものつながりを修正するためには，いくつも方法があるでしょう。ここでは２つほど紹介したいと思います。

　１つは，担任が通訳として両者の間に入ることです。人間関係のトラブルは，必ず両者に言い分があります。その言い分を聞き取り，整理し，どこですれ違いが起きたのかを共有していきます。そして，どうすれば良かったのか，何がイヤだったのかなどについても共有します。最後に，今後どうしていきたいのかを両者に聞き取り，関係を修復していきます。

　もう１つは，当事者どうしの問題ではなく，学級の問題として取り上げることです。「こうしたトラブルが起きているのだけど，学級の仲間としてどう思うのか，学級の仲間として何ができるのか」などを一緒に話し合います。

　この２つの方法は，細心の注意を払って選択

していくものだと思っています。なぜならば，場合によっては，当事者の学級での立場を悪くしてしまう可能性があるからです。

　そして，ここで私が言いたいのは，1つ目の担任が通訳として介入する場合も，2つ目の学級全体で話し合う場合も，「解決の仕方を学ばせる」という視点をもつことが重要だということです。

(5)　問題解決スキルを身につけさせ，「We can の体験」をさせる

　大人は，子どもがトラブルによって傷つくことを避けたいと考えています。しかし，ずっと大人が子どもと一緒にいるわけではありませんし，いつか大人の下を離れて子どもは自立し，社会の形成者として生きていかねばなりません。

　そのときに必要なのは，問題解決能力です。この問題解決能力は，人間関係のトラブル以外でも大事な能力になるはずです。

　一般的に能力は，スキルという形で表出します。ですから，問題解決能力を育てるということは，問題解決スキルを身につけさせることと同じ意味をもつと考えます。学校生活の中では人間関係のトラブルだけでなく，さまざまな課題と出合います。そのつど，「どのような問題解決スキルを身につけさせるのか」ということを教師がつねに考えながら，子どもたちと向き合っていく必要があるのです。実際の場面では，とても苦しいときもありますが，スキルの習得は子どもたちが自分の将来をより良いものにするために避けられないものですし，結果的に成長への伏線になっていくはずです。

　問題解決スキルが身についてきた子どもたちは，教師に相談しなくても，自分たちで解決できると自信をもつようになっていきます。「私たちは自分たちの力で問題解決ができる」と思うようになるのです。つまり，「We can の体験」につながっていくというわけです。

　ただし，気をつけなければいけないのは，子どもたちで解決できる問題と，大人が介入しなければいけない問題とがあることです。そこの見極めは，間

違わずにしていきたいところです。

　そして，先ほど「ポジティブな波」と「ネガティブな波」という表現をしました。これもわかりやすく説明するために使った表現で，さらに言えば，教師の視点でしか見ていないものです。「教師にとって都合が良い波」と，「教師にとって都合が悪い波」です。そもそも，子どもにとっては，すべてが成長のチャンスになるはずなので，ネガティブな波も，長い目で見れば，ポジティブな波といって良いものなのかもしれません。

7月

Coordinate

つながりを調整する

Assessment

把握・理解する

Relation

つながりをつくる

Decision

方針を決定する

(1)　これまでの学級経営をフィードバックする

(2)　間主観的視点で子どもを見る

(3)　協力者として保護者とつながる

(4)　学級力という見えないものを見える化する

(5)　学級力アンケートで，2つの「We can の体験」を創造する

(6)　学級目標で「We can の体験」を創造する

I can の発見　保護者から子どもについて聞き取り，これまでの成長を把握する

We can の体験　それぞれの学級への期待を学級集団として達成できているのか振り返らせ価値づける

⑴ これまでの学級経営をフィードバックする

　6月には，ネガティブな波が来るという話をしました。不思議なものですよね。どのクラスもだいたいその時期に重なるのです。

　もう1つ不思議なのが，7月になると比較的ネガティブな波は収まってくるということです。もしかしたら，子どもたちに，夏休みという待ちに待ったものが見えてくるからかもしれません。

　でも，この理屈から言うならば，子どもたちは，「楽しみに待っているものが見えると頑張れる」ということになります。それならば，子どもたちが楽しいと思えるようなしかけをし，見える化していけば，子どもたちのやる気を高めていくことになるのかもしれません。

　さて，7月は，これまでの学校生活が一区切りつく時期です。子どもたちが自分たちの学級を振り返るのには最適な時期になります。

　また保護者との教育相談が設定される時期でもあります。保護者との連携もとても大切なものです。これまでの教師としての見取りや，取り組んできたことの成果と課題を保護者との相談の中から見出す良い機会にもなります。

① 「I can の発見」

⑵ 間主観的視点で子どもを見る

　第1章では，教師の専門性は間主観的視点であるという話をしました。この間主観的視点というのは，客観的・総合的視点で子どもを見る力と主観的・個別的視点で子どもを見る力の双方の意味を包含し，双方の視点をもち合わせているのが教師の専門性であると説明しました。

　再度確認すると，客観的・総合的視点のスペシャリストは，医師や心理士，作業療法士や言語聴覚士など，子どもを「個としての個」と見る専門家です。

 実際の学校現場では，こうした専門家の助言をもらいながら，子どもたちの理解や支援について考えていくことができます。

　一方，主観的・個別的視点のスペシャリストは，やはり保護者でしょう。子どもとの「信頼関係」や「愛情」などの言葉のとおり，自分の命よりも大切にしたいと思えるのは親子だからこそだと思います。もちろん多様化する現代においては，さまざまな親子関係や保護者と子どもの関係があると思います。一般的に考えた場合ということでご理解ください。

　客観的・総合的視点のスペシャリストは，個を見る力は優れていますが，それは他者のデータと比べながら導き出した見方といえます。いわゆる定型発達といわれる発達と比べてその子を見たり，統計に基づいて算出された数値をもとにアセスメントしたりするからです。

　一方，主観的・個別的な視点のスペシャリストは，他と比べるのではなく，その子自身を見ていきます。

　どちらの見方にも良さはありますが，「集団の中で生活する個」として見ていく場合，それぞれに力が発揮できる部分としづらい部分があると考えています。

　どちらのスペシャリストもそれぞれの得意を活かした子どもの見取りはできますが，学校生活での他者との関係性の中で子どもを解釈することが難しいのです。なぜなら学校で実際に他者と関わる中で，どのような言動をしているのかを見る機会が両者にはなかなかないからです。

　その点教師は，両者が子どもを見る力を発揮しづらい部分を補えるという特徴，専門性があります。医師や心理士などの助言をもらうのも，保護者からどういう子なのか聞き取るのも，学級の中のその子を輝かせるためにすることです。それこそが，教師の専門性なのです。教師の専門性では補いきれない部分について，専門家や保護者を協力者とし学級経営をしていくのです。

(3) 協力者として保護者とつながる

　医師や心理士などには，必要に応じて助言をもらうようになるでしょうし，そのようなシステムが構築されている自治体がほとんどでしょう。

　しかし，保護者は，近いようで，意外と遠い存在になっていることもあります。なかなか話をする機会がないのも事実です。

　保護者からは，その子が「学校に対してどんなことを思っているのか」「友達との関係性はどうなのか」「教師が見えない家庭での様子はどのようなものなのか」といった情報を収集したいです。なぜなら，学校では見せない様子を含めて，総合的にその子をとらえることで，本当の意味で子どもたちを理解することができるからです。

　例えば，7月の教育相談。保護者からどのようなことを聞きますか。「学校での出来事を家でどのように話しているでしょうか」「家ではどんなことに興味をもって過ごしているのでしょうか」「家庭の中で気になることは，どんなことでしょうか」などは，保護者から聞き取りたい部分です。

　それらの情報をもとに，必要に応じて学級でできることを探っていきます。もし，有効な情報があったならば，学校生活の中で，それが活かせるような場面を設定していきます。すると，その子の「I can の発見」につながるでしょう。もし，家庭でできていないことがあり，それが何か学校でできるようなものであるならば，教師がうまく介入し，家庭でできることを見つけていくこともできるでしょう。これも家庭での「I can の発見」です。

　とにかく，子どもの周りには，子どもの成長をサポートするたくさんの資源があります。子どもの健やかな成長を願うすべての人たちが，その子のサポーターとして力を発揮できるようにするのも，教師に求められていることなのです。

② 「We can の体験」

⑷　学級力という見えないものを見える化する

　「私たちはできる＝ We can」ということを実感させるには，できた事実
が具体的に見えるようにする必要があります。集団としてそれを実感させる
ためのアイデアには，さまざまなものがあると思いますが，ここでは，「学
級力アンケート」を紹介します。

　学級力アンケートの開発者である田中 (2013)[14]は，学級力について「学び
合う仲間としての学級をよりよくするために，子どもたちが常に支えあって
目標にチャレンジし，友だちとの豊かな対話を創造して，規律を守り安心で
きる環境のもとで協調的な関係を創り出そうとする力」と定義づけています。

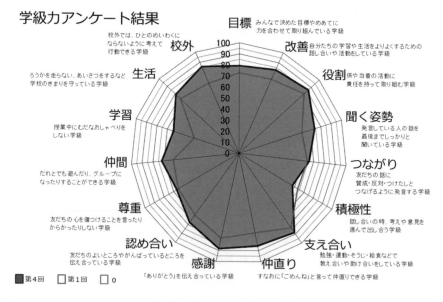

図13　学級力アンケート例

14　田中博之編著（2013）『学級力向上プロジェクト「こんなクラスにしたい！」を子どもが実現する方法
　　小・中学校編 DVD 付』金子書房

学級経営をするときに，学級経営の評価者が教師だけになっていることが多い気がします。その学級の長所や課題，課題解決の方向性などを教師が決めてしまっているのです。

学級は子どもたちが学ぶ，子どものための学習環境であり，学習集団です。その中心にいる子どもたちが，自分自身の学習環境や学習集団を客観的に見ていくことが本来の形なのではないかと思います。より良い環境で学びたいと思う子どもたちは，自分たちの環境がより良いものになるように努力するでしょう。そのためのきっかけを作るためにも，学級力アンケートで，自分たちの集団を客観的に見ていく必要があるのです。

 ## (5) 学級力アンケートで，2つの「We can の体験」を創造する

学習集団としての課題は，修正していく必要があります。ここには2つの「We can の体験」が存在しています。

1つは，アンケートで見えてくる成果と課題のうち成果の部分についてです。自分たちの学級ができていることとして確認することができます。学級全員で確認し合うことにより，「私たちの学級はこれができている」という自信をもてるようになり，これが集団肯定感を高めていきます。

もう1つは，学級集団の課題に対してどうしたら改善を図れるのか，学級全員で話し合い，解決を目指すことです。課題を洗い出し，解決のための手立てを考え，実行し，再度アンケートをとって変容をチェックします。もし改善されたならば，これまで取り組んできたことや，そのアイデアを出した自分たち集団の可能性を実感することができるでしょう。逆に改善が必要な部分がまだあるのならば，もう一度話し合い，次の手立てを考えていくことになります。この過程を経ることで，問題解決できる集団が育まれていくのです。

赤坂（2018）[15]は，学習指導要領の特別活動における資質・能力を育成す

15　赤坂真二（2018）『学級経営サポート BOOKS 資質・能力を育てる問題解決型学級経営』明治図書

る道筋について，答申をもとに「『問題の発見・確認』『解決方法の話し合い』『解決方法の決定』『決めたことの実践』『振り返り』といった学習過程を経た『決めたことの実践』をすることで資質・能力が育まれる」としています。

　学級力アンケートを通じて，この資質・能力を育成する道筋をたどることができます。道筋をたどることで，問題解決の方法を学んだ子どもたちは，学校生活のあらゆる場面で，子どもたちの力で集団的問題解決を図ろうとしていくでしょう。そのための方向づけとして，さらにはそのための方法を身につけさせるために，学級力アンケートは効果的な取り組みだと考えます。

(6) 学級目標で「We can の体験」を創造する

　もう１つ振り返るべきものがあります。４月に設定した学級目標です。学級目標設定の際に，一人ひとりが「こんなクラスはイヤだ」「こんなクラスにしたい」という思いを表明しています。その思いが達成されたか否かを全員に聞き取っていきます。

　７月の現時点で，すでにその思いが達成されている子もいれば，そうでない子もいるはずです。思いが達成されている子にとっては，その学級は「自分のためにみんなが協力してくれた」と実感するでしょう。つまり，「私たちはできる集団である」という実感に出合うのです。

　もちろん，まだ達成されていない子もいるでしょう。その子たちに対しては，「これから思いが達成されるように頑張っていこう」という方向性を確認することができます。

　学級目標は飾りではありません。自分たちで設定した目標に対して，どう達成していくのかを話し合い，実践し，振り返っていく。まさに先ほど紹介した資質・能力の育成の道筋であり，集団的問題解決場面になります。

　学級目標の振り返りは，定期的にやっていき，思いが達成された子には印をつけていきます（図14）。そうしていくことで，少しずつ子どもたちの思

いや願いが達成されていく様子が確認できます。この過程は「We can の体験」過程が見える化されている場面なのです。

図14 「こんなクラスはイヤだ，こんなクラスにしたい」イメージ

7 夏休み

夏休み

Coordinate

つながりを調整する

Assessment

把握・理解する

Relation

つながりをつくる

Decision

方針を決定する

- (1) 夏休みは充電期間
- (2) 成長を見える化する
- (3) 学習の軌跡を見える化する
- (4) 学級経営の調整をする

(1) 夏休みは充電期間

　4月から，ずっと学級経営の土台となる大切な部分を育んできたと思います。教師が子どもを理解しつながる。子どもと子どもがつながるようにカードをきっていく。時には思い描いたようにいかないこともあったでしょう。それでも私たち教師は学級を経営し続けねばなりません。

　夏休みは，充電期間とよくいわれます。心身ともに，ちょっとリフレッシュするという意味での充電期間。学級経営に必要な知識を学ぶという意味での充電期間。いろいろな意味をもつ充電期間

です。しっかり充電しましょう！

　さて，教室環境を点検してみましょう。教室は，４月から７月までの子どもたちの成長の軌跡が見える化してありますか。子どもたちの学びの軌跡が見える化されていますか。剥がれ落ちてしまっている掲示物はありませんか。子どもの椅子に座ってみるのも良いかもしれません。日頃の忙しさで手が届かなかったところを見直す充電期間にもしていきましょう。

⑵　成長を見える化する

　「成長」は，素敵な言葉ですし，子どもたちにとっては大切なものです。でも成長の瞬間って，目には見えませんし，ゲームの世界のように音もしません。成長を確認したり実感したりするのは，とても難しいことなのです。

　身長が伸びるという意味での成長は，見た目でわかりますし，他のものと間接的に比較することで実感できます。さらには，数値化できるので，

誰もが確認できます。しかし，学級経営における成長や個人の成長というのは，なかなか形にすることができません。形にできず，目に見えないので，子どもたちは実感することが難しいのです。だからこそ，これまでの子どもたちの成長の軌跡を見える化していくことが大事なのです。

　例えば，いろいろな行事で頑張った後に，学級の集合写真を撮り掲示したとします。その写真を目にすることで，そのときどきの頑張った自分たちを思い出すことができるでしょう。

　写真も貴重なアセスメントの材料となります。行事によって，写真の中心部に写っている子が変わっていきます。隣で写っている友達が変わっている子もいます。これらから，その行事ごとの満足感や達成感を見ることができます。またそのときの人間関係を見とることができます。

一人ひとりの子は，どんな表情で写っていますか。生き生きとした表情でしょうか。暗い表情でしょうか。気になる表情で写っている子がいるのであれば，夏休み明けは，その子を注意して見ていく必要があるでしょう。むしろ夏休みまで，その子はどんな学級生活を送っていたのでしょうか。そんなことも見ることができます。

　とにかく，子どもの成長が見られるものは，すべて貴重な資源なのです。

⑶　学習の軌跡を見える化する

　学習の軌跡はどうでしょうか。昔は，学習で使用した模造紙を教室に掲示することが多かったように思います。今はデジタル環境が整っているので，一人ひとりが板書を写真に残していたり，教師が板書をウェブ上のクラスルームに配付したりしているかもしれません。

　ただ，タブレットに保存してしまうと，目にする機会が減ってしまうのも事実です。写真として印刷し，教室に掲示しておくのも，効果的かもしれません。子どもたちは，その板書の写真を見るたびに，そのときの授業で学んだことを思い出すでしょう。

　係活動はどうでしょうか。学級のために創意工夫をして取り組んだ足跡が

残っているでしょうか。また，それを残せるスペースが用意されていたでしょうか。教室の掲示スペースや収納スペースは，限られています。教室環境のすべてが，子どもたちの成長につながるよう活用されているのか，夏休み中に確認しておきたいですね。もし有効活用できていなければ，夏休みは，有効活用できるように工夫するチャンスです。

(4) 学級経営の調整をする

　もし夏休み前の学級経営でうまくいかないことがあったなら，それを書き出してみましょう。書き出すことによって，頭の中が整理されます。

　次に，そのうまくいかなかったことに対して，どのような手立てが必要なのか考えてみましょう。その手立てが思いつかなければ，それが夏休みに学ぶものになります。

　子どもの接し方に反省するところがあるのならば，特別支援教育の研修がおすすめです。授業力に関する部分で反省するところがあるならば，授業力向上の研修がおすすめです。もし授業で力を入れたい単元があるならば，その教材研究のために関連する地へ足を運んでみるのも良いでしょう。

　とにかく，自分の学級経営を振り返るだけでなく，次のアクションを起こすようにすることが大切です。過去は変えられません。でも，未来はいくらでも創造できるのです。

　さまざまな学びの場に出向き，あるいはオンラインの良さを最大限に活用して，たくさんの引き出しを用意できるようにしましょう。そして，子どもたちに合ったものを，タイムリーに活用できるようにしていきましょう。その準備という意味での充電期間を充実させていきましょう。

8 9〜10月

9〜10月

Coordinate	Assessment	Relation	Decision
つながりを調整する	把握・理解する	つながりをつくる	方針を決定する

(1) 9月は，もう一度学級開きをする

(2) 不登校を選んだ子にアプローチする

(3) 夏休み明けには「I can」の確認をする

(4) 「遠い目標」に対する「近い目標」を確認させる

(5) 成功体験でやる気を起こす

(6) 多面的・多角的スモールステップを組む

I can の発見 夏休みの成長を把握しつつ，学校生活へのズレを修正する

We can の体験 集団としての新たな目標である「壁」を設定し，集団的動機づけを図る

82

(1)　9月は，もう一度学級開きをする

　カードの並び方にお気づきでしょうか。4枚のカードすべてが並んでいます。これはちょうど4月と同じです。このことからも，カードのきり方について意図をご理解いただけるでしょうか。

　この時期は，1年間の中で考えれば，ちょうど中盤になります。しかし，長い夏休みが入ったことによって，もう一度学級経営の仕切り直しが必要な時期でもあります。

　ずっと培ってきた学級文化は，休み中に一度それぞれの家庭の文化に触れることで，学級という集団生活にもズレが生じてきます。それをもう一度そろえたり整えたりする必要があるのです。

　もう少し詳しく説明すると，休暇中は自分のペースで過ごせていた毎日だったのに，学校では集団のペースに合わせて過ごしていかねばならず，多少なりともストレスを感じる子が出てくるということです。

　ですから，一度ズレてしまった集団生活に子どもたちをつなげていく必要があるのです。

(2)　不登校を選んだ子にアプローチする

　長期休業明けに不登校が増えると言われています。夏休み前は何とか頑張っていた子。でも，長い時間家庭で過ごした後で，また学校で頑張る。学校に安心感を抱いていない子ならば，学校よりも家庭を選びたくなるでしょう。学校よりも家庭の方が安心できる場になっているのですから。

　発想を変えてとらえるならば，学校が家庭のように安心できる場になっているなら，子どもたちは登校することを選ぶようになります。もちろん多様な学び方が尊重される

現代においては，登校しないというのも一つの選択肢だとは思います。

　しかし，登校しないで，何をするのかというところは考えなければいけないですし，学校という教育環境は，登校して学ぶ価値もあるはずです。また，登校しないという選択をした子に対して，担任としてできることを考えていくことも大事だと考えます。登校を選んでいない子がいる上での学級経営を考えていきましょう。

　登校に不安を抱いている子には，さまざまな理由があるでしょう。これまでの経験上，本人の特性に由来するもの，教師との関係に由来するもの，友達との人間関係に由来するもの，学習に由来するもの，家庭に由来するものなど，本当にさまざまです。

　ただ，「不安」というのが背景にある共通するものの１つだと思っています。学校生活に対して，何かしらの不安を抱いているからこそ，登校を避けるようになっているのです。

　それならば，「不安」を「安心」に変えていけば良いと思いませんか。安心を少しずつ増やしていけば良いのです。「安心できる仲間」「安心できる場所」「安心できる時間」の中から，まずは１つ安心を創り出し，それを増やしたり，広げたりしていくことが有効なのではないかと思います。

① 「I can の発見」

(3) 夏休み明けには「I can」の確認をする

　さて，子どもたちは夏休みにさまざまな経験をして，教室に戻ってきます。勉強を頑張った子は，夏休み前にできなかった学習ができるようになって教室に戻ってくるでしょう。そのときにどんな方法で，その努力を認め，どうやって価値づけていきますか。そこを事

前に想定していることで，意図的な言葉かけができると思います。

　近年，個別最適な学びを実現するための学習法アイデアの1つとして，自由進度学習が話題にあがっています。子ども一人ひとりが自分のめあてをもって学習に取り組むことは，とても意味があることだと思います。

　しかし，実践を繰り返していく中で，すべての時間をこれにあてるのは無理があるだろうとも考えます。何も学習していない状態の子どもに対して，何をめあてに，何を学習課題として学習させていくのか。やはり，集団での学びや気づきなどが必要な場面も出てくるでしょう。

　算数の習熟場面で，自由に学習する時間を設けたことがあります。学習に対して，成果を上げている子は，自分の課題を見出し，その解決を図る方法を見つけることができます。しかし，学習に対して成果を上げることが難しい子の中には，何ができないのか自分で明確にできない子，どこまでができてどこからできないのか言語化できない子，どんな学習をしたら良いのかわからない子など，さまざまな子がいることでしょう。

　個別最適な学びを実現するための教師の役割は，こうした子たちに対し，適切な目標設定と，目標にコミットした課題選択の助言をすることだと考えます。「I can't」から「I can」への道筋を助言し，導いていく必要があるのです。

話を戻しましょう。夏休み前の教育相談において，家庭での学習を依頼する場合，「この学習が苦手なので，夏休みに，このような方法で，このような問題に取り組んでみてください」と，保護者に提案することがあります。その場合，「この学習が苦手なので，ご家庭でやっておいてください」などと，無責任な伝え方をしないようにしたいところです。

　夏休みが終わり，学校が再開したときには，夏休み期間の学習について，家庭にした提案をそのままにせず，できるようになっているのかチェックすることも大切です。テストでも，プリント学習でも構いません。できなかったことができるようになったのを，担任の目で確認し，頑張ってできるようになったことを共に喜びましょう。

　さらに，どんな勉強方法をしたらできるようになったのか，その過程を子どもと確認しましょう。そうすることで，子どもはできるようになった自分を発見できます。そして，できるようになるために，どのような学習方法が自分には合っているのかについても，発見することができます。

② 「We can の体験」

(4) 「遠い目標」に対する「近い目標」を確認させる

　9月に丁寧な対応をすることで，10月は子どもたちが一気に力を発揮するようになります。ちょうどこの時期には，学校を象徴するような大きな行事が設定されることが多いです。

　5月でも言及しましたが，子どもたち自身で考え行動に移していくことで，自分たちの可能性に気づけるのです。5月との大きな違いは，学校全体に関わるような，あるいは地域に出ていくような取り組みができるという点です。規模が大きくなりますので，当然子どもたちの集団としての達成感は大きな

ものとなっていきます。

　外島（2021）[16]は，1981年に行われたカナダの心理学者アルバート・バンデューラの実験を挙げ，目標の設定の仕方について報告しています。

　実験では，事前のテストで算数が苦手だと思われる7〜10歳の子どもたちを40人集め，7回に分けて42ページの問題集をやらせました。

　ここで子どもたちを3つのグループに分け，グループＡには毎回最低6ページを終わらせる，グループＢには7回で42ページ終わらせるように伝えます。グループＣには，できるだけたくさんやろうとだけ伝え，具体的な指示は出しませんでした。そして，7日後に最後までたどり着けた割合を報告しています。結果は次の通りでした（図15）。

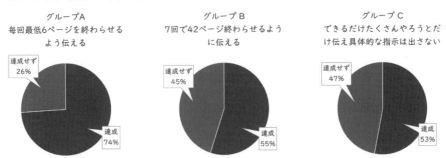

図15　算数の課題の取り組み結果（外島，2021をもとに筆者作成）

　グループＡは74%，グループＢは55%，グループＣは53%がそれぞれ最後までやり遂げました。つまり，グループＢとグループＣは，最後までやり遂げた子どもが半分程度だったということです。およそ4分の3の子どもたちが最後までやり遂げたのはグループＡでした。

　このことから，あまりにも遠い目標ではなく，近い目標を設定していくことで達成率は上がっていくということがわかります。

16　外島裕（2021）『Newton別冊　暮らしや生活にいかす，心と行動の科学　心理学　実践編』NEWTON PRESS，pp.48-53

以上をふまえて学級目標とその達成について考えてみたいと思います。年度初めにテーマを決めたり，学級目標を設定したりします。これは「遠い目標」と言えるでしょう。

　先ほどの実験のように「遠い目標」だけを伝えた場合，子どもたちの達成率は極度に下がります。逆に「遠い目標」に向けた「近い目標」を示していくことで，子どもたちは動機づけを維持しながら取り組むことができます。つまり，「近い目標」というチェックポイントのようなものが必要だということです。

　これまでに，学級経営において，どんなチェックポイントを設定してきましたか。10月のチェックポイントは，どのような目的で設定していきますか。10月より先は，どのようなチェックポイントを設定しようとしていますか。これらを考えることが，まさに戦略的学級経営につながっていくのだと考えます。

(5)　成功体験でやる気を起こす

　また，バンデューラは，「やる気を起こすには，自己効力感を高めることが重要だ」とも言っています。自己効力感を高める要素には，「達成体験（自身の成功体験）」や「代理体験（他者の成功体験の観察）」「言語的説得（勇気づけるような言葉がけ）」「生理的喚起（心身の状態が良好）」の4つがあるとしています。その中でも，「達成体験」は，最も重要だとしています。つまり自身の成功

体験が必要なのです。自身の成功体験を積み重ねていくことによって，「自分たちはやれる」という気持ちが育っていくのです。

　逆に，成功体験が積み重なっていかずに失敗体験が積み重なっていくことで，「どうせ自分たちはできないから」と，やる気を失っていきます。これは「学習性無気力」と呼ばれるものです。

　植松（2017）[17]は，次のように述べています。

人間は，生まれたときには，「あきらめ方」を知らずに生まれてきます。しかし，皮肉にも誰かが，「あきらめ方」を教えます。でも，実はその人も，「あきらめ方」を教えられた人です。かくして自分を尊重できない，自信を持てない，「あきらめた人」が誕生し，その人が，他の人に「あきらめ方」を教え，それは連鎖していきます。

　我々教師がその「あきらめ方」を教える人になってしまってはいないでしょうか。自分の学級経営を，そして，自分の生き方を見直したくなってしまいました。

　教師は，子どもの成長を願い，子どもの成長をコーディネートしていく責任があります。たくさんの「can」を創造していくことが使命です。それを忘れずに，子どもたちと向き合っていきたいですね。

---

17 植松努（2017）『何をやっても続かない自分を変える　あきらめない練習』大和書房

(6) 多面的・多角的スモールステップを組む

　さて，遠い目標を達成するためには，近い目標をクリアしていく。その近い目標は，時間軸をもたせたり，順序性をもたせたり，難易度の調整をしたりして設定していきます。

　よく特別支援教育の世界で，「スモールステップ」という言葉が使われます。近い目標は，スモールステップと似ているのかもしれません。違いを考えるならば，時間軸や順序性，難易度の調整など，さまざまなスモールステップ化が図られるので，「多面的・多角的スモールステップ」（図16）と呼ぶことができるのかもしれません。

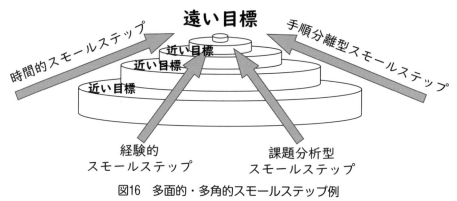

図16　多面的・多角的スモールステップ例

　結果的に遠い目標にたどり着ければ，どのスモールステップを選んでも良いですし，途中から変更しても構いません。大切なのは，遠い目標に向けて，適切なステップをタイムリーに設定し，子どもたちの実態に合わせて導いていくことなのです。

　スモールステップについて，もう少し詳しく見てみたいと思います。
　「時間的スモールステップ」は，達成へ向けて時間を調整しながら成功体験を積み重ねていくものです。学級でタイムを計測しながら何か目標を設定

した場合，できない目標ではなく，できる目標を設定し，徐々に目標を上げていきます。

「経験的スモールステップ」は，失敗を価値づけながら，どうしたら次へステップアップできるのか話し合い，次の近い目標を設定しながら目標に近づいていくものです。

「課題分析型スモールステップ」は，遠い目標に向けて，子どもたちには，どのような課題があり，どのようなつまずきをするのかを教師が分析・予測し，クリアできる近い目標を教師が設定していくものです。

「手順分離型スモールステップ」は，遠い目標をクリアできるまでの道筋を順序立てて，「まずはここまで」「次はここまで」といった具合に近い目標を設定していくものです。子どもたちが話し合いながら設定していくときに有効なものです。

どのスモールステップを組んでいくのかは，子どもたちの実態をよく見て，決定していけば良いと思います。大事なのは，着実に遠い目標に向かって進んでいることを実感できるようにしていくことです。そうすれば，成功体験として積み重ねていくことと同じ意味を成していきます。

以上の内容を，第1章で紹介した5年生の学年経営方針に当てはめて考えてみましょう。「リーダーになる準備をする」というテーマをもちました。そのために10月の段階では何ができるでしょうか。運動会があるならば，運動会でリーダーになるステップが生まれるような取り組みが必要になるでしょう。学習発表会があるならば，発表する相手は誰になるでしょうか。もし学校のリーダーになることを意識しているのであれば，学校全体に発信できるよう，発表対象を広げていくことも大事でしょう。

私が伝えたいのは，最終的なゴールがあるのであれば，そこに向かって戦略的に成長場面を仕組んでいくべきだということなのです。

11～12月

(1) 自治的な集団に育てる

(2) 自治的な集団へのプロセスを見通す

(3) 自己の利益と集団の利益を重ねる

(4) 無意識的達成段階へ引き上げる

(5) 自治的な集団をコーディネートする

(6) ネガティブな波を再び乗り越える

「壁」を乗り越えるための役割分担をし，一人ひとりの活躍を価値づけていく

学級集団として「壁」を乗り越える方法を体験し，その良さを価値づける

⑴ 自治的な集団に育てる

　繰り返しになりますが，私たちは，社会の形成者として子どもを育ててい
きます。そこでは，自律した子どもたち，自律した集団が形成されていかね
ばなりません。いつまでも教師の指示がないと，考えたり動いたりできない
ようでは，社会の中で活躍していくことは難しいでしょう。

　職員室で考えてみてください。すべて指示待ちの教師と，自ら考え行動す
る教師とでは，集団への貢献度は違いますし，他の職員からの信頼度も大き
く変わってくるはずです。

　自律した子ども像を目指していくようにします。集団としては，自分たち
で自分たちの集団を維持コントロールできるようにしていきます。つまり自
治的集団の形成です。

⑵ 自治的な集団へのプロセスを見通す

　では，自律した子ども，自治的集団にしていくには，どのような段階を経
ていけば良いのでしょうか。4つの段階に整理してみました（図17）。「野球

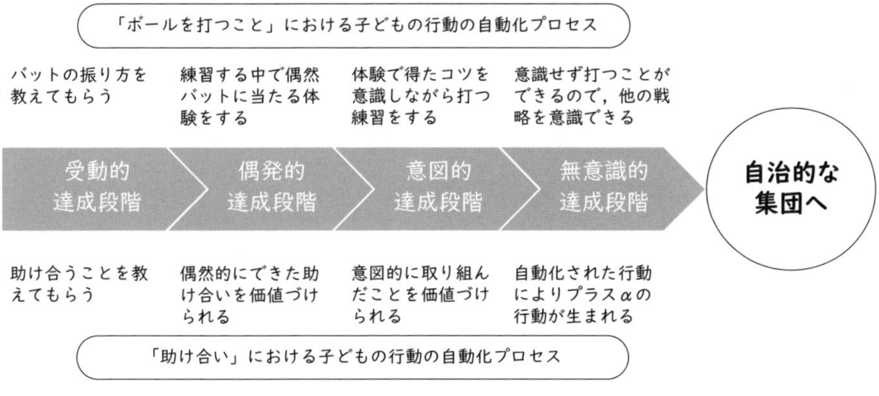

```
┌────────────────────────────────────┐
│  「ボールを打つこと」における子どもの行動の自動化プロセス  │
└────────────────────────────────────┘
```

バットの振り方を教えてもらう	練習する中で偶然バットに当たる体験をする	体験で得たコツを意識しながら打つ練習をする	意識せず打つことができるので，他の戦略を意識できる
受動的達成段階	偶発的達成段階	意図的達成段階	無意識的達成段階
助け合うことを教えてもらう	偶然的にできた助け合いを価値づけられる	意図的に取り組んだことを価値づけられる	自動化された行動によりプラスαの行動が生まれる

自治的な集団へ

```
┌────────────────────────────────────┐
│  「助け合い」における子どもの行動の自動化プロセス  │
└────────────────────────────────────┘
```

図17　自治的な集団へのプロセス

のバットでボールを打つ」場面と学級の中で「助け合う」という場面を例に
挙げながら説明します。

●受動的達成段階

　指導者や教師の指示や提案によって，受動的に取り組んでいく段階です。
　野球のバットでボールを打つ行動を例に考えてみまし
ょう。子どもは，まずバットの振り方を教えてもらいま
す。そのときには指導者が手を添え，指導者の手の動き
によってバットの振り方の基礎を体感し，学んでいきま
す。この段階では，指導者の手の動きが主体になってい
るので，受動的な振り方になるでしょう。振らされてい
るという感じでしょうか。
　学級内での「助け合う」という場面ではどうでしょうか。困ったときに助
け合うというのは，とても大事なことです。社会で生きていく上でも，重要
なスキルだと思います。でも，子どもたちは，まだその重要性を知りません。
なぜなら，社会に出たことがないからです。ですから，体験的にその重要性
を学んでいく必要があります。
　教師は，子どもたちを助け合う場面と出合わせます。教師は「こういうと
きには○○さんが困るよね」「○○さんから『ありがとう』って言われるよ
うな行動をしましょう」「それが助ける・助け合うということなのです」と
教えていきます。
　まずは，未知のものと出合わせ，目で見て，心と体で感じさせていくので
す。これが「受動的達成段階」のイメージです。

●偶発的達成段階

　次に「偶発的達成段階」です。これは，子どもが意図的に行動しようと思
っていなくても，そうした場面に偶然遭遇する段階です。
　同様に野球のバットでボールを打つ行動で考えてみましょう。振り方は理

解できたので，今度はボールに当てられるようにします。しかし，そう簡単にバットはボールに当たりません。何度も，何度もバットを振っているうちに，偶然ボールに当たることがあります。そして，それを繰り返していくうちに，何となくボールに当てるときのコツを見出せるようになります。

　助け合う場面ではどうでしょう。子どもは，意図的に助けようとするのではないですが，結果として，友達を助ける場面が成立し，運よく友達を助けるという結果にたどり着くことがあります。

　この場面では，教師が子どもの助ける行動に対して，「すごいね」「ありがとう」「さすがだね」「○○さんも助かったと思うよ」などと，称賛し価値づけます。偶然の産物を価値づけていくのです。これが「偶発的達成段階」です。

●意識的達成段階

　偶発的達成段階では，偶然達成されたことであっても，教師に言われてやったことではなく，自主的な行動として結果を残したわけです。この事実により，自然と自分の行動を自分の意思によってコントロールできるようになっていきます。意識的にその行動を起こそうとするのが，「意識的達成段階」

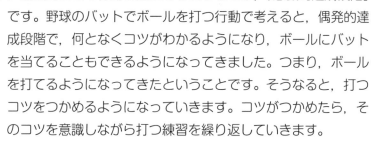

です。野球のバットでボールを打つ行動で考えると，偶発的達成段階で，何となくコツがわかるようになり，ボールにバットを当てることもできるようになってきました。つまり，ボールを打てるようになってきたということです。そうなると，打つコツをつかめるようになっていきます。コツがつかめたら，そのコツを意識しながら打つ練習を繰り返していきます。

　助け合う場面では，「○○ちゃんが困っているから，自分はこれができそうだ。よし声をかけに行こう」となっていきます。自分の意思によって，意識的に誰かを助ける行為をしていきます。これが「意識的達成段階」です。

●無意識的達成段階

　最後に,「無意識的達成段階」です。先ほどまでは,意識して行動しよう
としていましたが,意識せずとも行動が表出してきます。すると,違うとこ
ろにも意識が向くようになり,思考が生まれる余地ができます。行動が広が
ったり,工夫が出てきたりします。

　これも野球のバットでボールを打つという行動で考
えてみます。もうボールを当てることができるように
なりました。次に意識するのは,ゲームの中で得点に
つながるように打つことです。ヒットを打つためには,
守備がいないところをねらう必要があります。お気づ
きでしょうか。「ねらう」という新たなタスクが生ま
れてきました。

　ホームランをねらうとしましょう。ここでも,当てることではなく,「遠
くに飛ばす」ことを意識するようになっています。子どもがこの段階で意識
していることは,ボールを打つことではなく,打った後の成果の部分です。
これまで課題であったボールに当てる,ボールを打つではないのです。

　「助け合う」場面ではどうでしょうか。友達を助けることが当たり前にな
ることで,新たな部分に意識を向けることができるようになります。例えば,
助ける友達の範囲が拡大したり,相手の気持ちや立場を考えながら助けたり
していきます。「助け合う」ということが,当たり前になり無意識化するこ
とで,別のことに意識が向くようになるのです。これにより,可能性がかな
り増大しますね。

　11月〜12月のこの時期。さまざまな「波」が出てくる時期です。子どもは
どの段階にいるでしょうか。学級集団は,どの段階まで成長しているでしょ
うか。そして,押し寄せる「波」をどう乗り越えていくのでしょうか。

① 「I can の発見」

　4月に「学級ジレンマ」についてご紹介しました。学級ジレンマは、自分と集団との間に生じる葛藤に折り合いをつけながら最適解を見つけていくものでした。この葛藤は、学級がうまく経営され機能していると、11月～12月頃には小さいものになっていることが多いです。その理由について考えてみましょう。

　もともと学級ジレンマ（図18）は、自己の利益と集団の利益のズレによって生まれてきます。つまり、自己の利益と集団の利益とのズレが大きいことで葛藤は大きなものになっていきます。

　逆の見方をすれば、自己の利益と集団の利益とのズレが小さければ、葛藤に苦しむことはないでしょう。したがって、自己の利益と集団の利益が重なるようにしていくことが重要なのです。

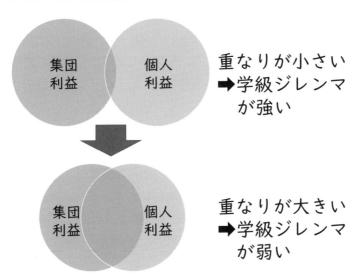

図18　集団の利益と個人の利益のズレ

もう少し詳しく述べると，自己の喜びが学級集団の喜びと重なればいいのです。学級集団の喜びとは，「○年○組はすごいね」と言われたり，「○年生はさすがだね」と言われたりすることだと考えます。自分が所属する集団の喜びは，自分の喜びである。そう思えるようになることが望ましいのです。

　「I can の発見」の観点から，このことを考えてみたいと思います。集団の「できる」は，集団を構成するメンバーができているということです。一人ひとりが意識をもち，自分にできることを最大限にやっていこうとする。これが集団の中の所属意識であり，集団の中での自分の役割であり，集団の中に自分の居場所を見つけているということになります。一人ひとりの高い意識や活躍が，集団として成果を上げていく。「I can の発見」が，「We can の発見」につながっていくのです。

⑷　無意識的達成段階へ引き上げる

　この時期に，一人ひとりの子が，⑵で述べたどの段階にいるのか確認すると良いでしょう。

　11〜12月の時点で，受動的達成段階や偶発的達成段階であるならば，まだまだ学級ジレンマは大きいでしょう。理想としては，この時期に無意識的達成段階に達していてほしいです。無意識的に自分の役割を果たそうとしているならば，自分の役割以外のところにも意識を向けることができるでしょう。その意識の向く先は，集団になります。集団を意識して行動できる子は，集団の喜びを自分の喜びとすることができるでしょう。

　そして，自分の行動が集団に貢献していると意識することができます。つまり，集団のために自分ができることを発見しているということで，まさに「I can の発見」です。もしも，まだ無意識的達成段階に至っていないのであれば，教師が意図的にしかけ，無意識的達成段階へ引き上げていけるようにしていきましょう。

② 「We can の体験」

(5) 自治的な集団をコーディネートする

　この時期の学級集団の状態を考えていきましょう。これまでトラブルなどの「波」や行事などについて，みんなで話し合い，解決し，乗り越えてきました。

　4月の初めであれば，受動的達成段階として，教師に言われてから取り組んでいたことばかりだったでしょう。11月～12月の時期に無意識的達成段階に達していれば，かなり成熟した学級集団になっているでしょう。別の言い方をすれば，自治的集団に近い状態にあると言えるのではないでしょうか。

　学級が，まだ無意識的達成段階以前の段階であるならば，前述したように「壁」を意図的にしかけて，無意識的達成段階まで引き上げていかねばなりません。飛び級のように都合が良いことはありません。順を追って，積み重ねていかねばならないものなのです。

　さて，先ほど，この時期に無意識的達成段階に達していれば，かなり成熟した学級集団であると述べました。学級が，本物の「無意識的達成段階」に達しているかどうかは，確認が必要です。

　松下（2020）[18]は，自治的集団を考えたとき，次の3つについて明確にしておく必要があるとしています。

---

① 児童生徒の自治をどこまで認めるか
② 自治というものを教育課程上のどのように位置づけ，教科と関連していくか
③ 自治的集団に対して教師がどのように関わるか

---

18 松下崇（2020）「第2部学級経営第3章3　自治的集団を育てる」『一般社団法人　日本授業UD学会編　テキストブック　授業のユニバーサルデザイン　特別支援教育・学級経営』日本授業UD学会

理想としては，すべてを自分たちの力で取り組んでいける集団になっていてほしいでしょう。しかし，学校は，法律で定められた組織であり，決められたカリキュラムが存在します。すべてを子ども集団に委ねることはできないのです。

　「小学校学習指導要領解説　特別活動編」[19]では，自発的，自治的な活動に関して指導する際に，放任に陥ったり，一方的な指導になったりしないようにと述べています。

　また国立教育政策研究所教育課程研究センター（2018）[20]は，適切に指導・助言を行う場面として，①学級の児童を傷付けることが予想される内容に関すること，②実施の時間や校内の決まりや施設利用に関することや金銭に関すること，③健康や安全を損なうおそれがあることを明記しています。

　教師が学級集団としての自治的な活動の範囲を把握しておくことで，子どもたちの可能性や創造性を保障することができます。そうでなければ，せっかく子どもたちが話し合い導き出した解を，教師の一言で白紙に戻してしまうことになります。そうなったとき子どもたちは，やる気を失い，さらなる主体的行動にはつながらないでしょう。

　だからこそ，創意工夫できる子どもたちの自治的な活動の範囲を事前に示したり，条件を事前に提示したりして，自治的集団を育む環境を整えることが教師の役割の1つになるのです。

　そのような条件の下，子どもたちが自発的，自治的な活動を実現できたのならば，それが「We can の体験」になります。その体験を通して，「私たちはできた」「私たちにもできた」「私たちならできる」と，意欲を高め，学級集団の良さを実感し，集団肯定感を高めていくことにつながるのです。

[19] 文部科学省（2017）「小学校学習指導要領解説特別活動編」
[20] 国立教育政策研究所教育課程研究センター（2018）「みんなで，よりよい学級・学校生活をつくる特別活動小学校編」文部科学省．（https://www.nier.go.jp/kaihatsu/pdf/tokkatsu_h301220-01.pdf）（2022年8月10日閲覧）

(6) ネガティブな波を再び乗り越える

　6月に「ネガティブな波」が来るという話をしました。もう1回が11月〜12月でした。ちょうどこの時期です。6月のネガティブな波と11月〜12月のネガティブな波。同じネガティブな波ですが，決定的に違う部分があります。

　それは，波を乗り越える集団が育っているということです。無意識的達成段階に達している自治的集団であれば，教師の介入が極端に少なくなるでしょう。これまでの経験から，どのように問題点を整理し，どのように全員が納得するのかを考え，その解決を図っていきます。教師は，子どもたちで解決できたことを価値づけ，集団としての成長を実感させていけばよいのです。

　もし集団が成熟しているのであれば，大きなトラブルが起きないかもしれません。その場合は，特別活動や総合的な学習の時間などを活かし，行事やイベントなどを企画させながら，集団に合わせた適度に高い「壁」をしかけ，それを乗り越える経験をさせていきます。これにより，先ほどと同様，教師は子どもたちが乗り越えたことを価値づけ，集団としての成長を実感させていくのです。そこには，自分の活躍を味わう子どもたちの満足気な表情が溢れているはずです。

　お気づきでしょうか。ここまでくると「I can の発見」と「We can の体験」とが，複雑に交わってきます。これが，まさに「個別最適な学び」と「協働的な学び」が一体化した状態と言えるのではないでしょうか。もっと言えば，そうなるように私たちがたどってきた意図的・戦略的な学級経営の道のりは，「You can の創造」になっていたというわけです。

冬休み

Coordinate	**A**ssessment	**R**elation	**D**ecision
♠	♣	♥	♦
つながりを調整する	把握・理解する	つながりをつくる	方針を決定する

(1) 次年度へ向けた準備をする

(2) 「引き継ぎ」はその子の人生を見通した「教育リレー」である

(3) その子を中心におく横断的連携を整える

(4) その子の未来とつなげる縦断的連携を整える

(1) 次年度へ向けた準備をする

　冬休みは，夏休みと同じように充電期間というわけにはいきません。次年度へ向けた動きを始めていかねばなりません。

　まず，教室環境の点検です。夏休みにも，教室環境を点検しました。子どもたちの成長の軌跡が見える化されるように，掲示物は工夫されているでしょうか。子どもたちの学びの軌跡も見える化されているでしょうか。夏休み以降の子どもたちの成長と学びの軌跡が見える化されているでしょうか。しっかりと点検しておきたいです。

　これらに加えて，冬休みにぜひ行っておきたいことがあります。夏休み前には，保護者との教育相談がありました。冬休みにも教育相談をするチャン

スがあると思います。夏休みに気になる話題が上がった保護者とは，相談する場面を作っておきましょう。そして，次年度へ引き継ぐことについても，保護者の思いを聞きながらまとめておきます。

例えば，授業への参加の仕方について，どのようなことを引き継ぐのか，学校での様子を伝えて保護者と相談しておくのは大切です。

書くことが苦手な子であれば，「板書は，黄色いチョークで描いた部分をノートに書くことにしていた」や，「タブレットを使って

板書を撮影し残しておいた」などがあるかもしれません。「学習のねらいを確認し，手書きの必要が必ずしもない場合には，手書きで考えをまとめるのではなく，タブレット入力で考えをまとめ提出していた」など，支援の形が継続され，持続可能な支援となるように引き継いでいけるようにします。

せっかく見出した「こうすればできる」という支援は，子どもたちにとって発見された「I can」です。担任が代わって認められなくなるというのは，本末転倒です。事前に引き継ぐ内容を整理しておくことで，次年度は，4月のスタートから一歩前進した状態で新しい学級生活が送れるようになるでしょう。

年度末には個別の教育計画の振り返りをすると思います。支援シートを作成していれば，これまでの取り組みを振り返り，成果をまとめるとよいでしょう。年度末の忙しい時期に慌ててやるのではなく，計画的に取り組んでおくと，教師にとっても安心ですし，保護者にとっても「ちゃんと作成し，引き継がれているのか」という不安を解消することができます。

教師にとっては，毎年繰り返し訪れる年度末。しかし，子どもたちにとっては，つねに一生に一度で，繰り返されることはありません。その積み重ねが，子どもの成長とともに引き継いでいけるように，冬休みの段階から準備しておくことをお勧めします。

他にも冬休みにしておくと良いこととして，学級をまとめ，次年度へのス

タートに向けて，どのような取り組みをしていくのか計画を立てることがあります。

　一年間を振り返るのであれば，一年間が振り返られるような資料を集めます。できていることが価値づけられるように準備をするのです。

　逆に，できていないことがあるのなら，残った期間で，何を，どこまでやらなければならないのか整理しておく必要があります。

(2)　「引き継ぎ」はその子の人生を見通した「教育リレー」である

　そもそも，なぜ「引き継ぎ」が必要なのでしょうか。学級担任をしていると，担任として大切な子どもたちをお預かりしている間，精一杯子どもたちと向き合い，成長できるように努めます。しかし，次年度は別の子たちと向き合います。必然的に前年度担任していた子たちとのつながりは薄くなってしまうでしょう。学校の教育システム上，仕方がないのかもしれません。でも，その子の教育は続いていきます。その子の人生は続いていきます。

　例えば，読者の皆さんが病気をして入院した場面を想像してみてください。担当医師は基本的に交代しないとして，毎日の検温や体調管理，薬や点滴などを担当してくれる看護師さんは，ローテーションで毎日交代していきます。毎日交代するにもかかわらず，きちんと引き継ぎがされていなかったら，不安になりませんか。健康や命に関わる可能性があるから，ちゃんと引き継いでほしいと思いませんか。

　教育における「引き継ぎ」といのは，その子の一生を，その子の人生を引き継いでいく「教育リレー」と考えるべきです。授業態度や友達とのトラブルなどを引き継ぐだけでなく，その子の人生を見通して引き継いでいかねばならないのです。

(3) その子を中心におく横断的連携を整える

　もう少し具体的に「引き継ぎ」について考えていきます。実際の場面では，さまざまな情報が引き継がれていくでしょう。しかし，その多くが，教師が指導する際に，困ったことや困っていること，保護者が子育ての際に，困ったことや困っていることになってしまいがちです。

　しかし，引き継ぎを「教育リレー」ととらえるならば，中心にいるのは，その子自身でなければなりま

せん。その子がどうしたいのか，その子がどうなりたいのかなどについて，関係する大人や専門機関等ができることを探していくべきなのです。

　例えば，衝動性が強く，友達とのトラブルが多い子がいたとします。生まれてから現在までのその子をいちばんよく知っているのは保護者であり家族でしょう。学級という集団に属したときのその子をいちばん知っているのは，担任です。その子がスポーツ少年団のサッカーに所属していたのなら，サッカーをする場面での集団との関係性を知っているのは，サッカーのコーチでしょう。心理・医療からの視点でその子を客観的にアセスメントできるのは，心理師や医師などの専門家でしょう。福祉の面から，家族のサポートで活躍してくれるスクールソーシャルワーカー（SSW）もいます。

　こうした資源（リソース）をつなぎ合わせる役割として，学校には，特別支援教育コーディネーター（SENCO）がいます。その役割の教師が，現在のその子をサポートしていくチームを編成していきます。つまり，横断的連携を整えていくのです。

その横断的連携を図る際には，子どもの意思を大切にしていきたいです。意思決定がなかなか難しい低学年の子であっても，ていねいに説明したり，選択肢をあげたり，体験してから選ばせたりするなどの工夫により，子どもの意思による自己選択ができると思います。これにより，その子は，現在の最適な教育環境と出合うことができるはずです。

(4) その子の未来とつなげる縦断的連携を整える

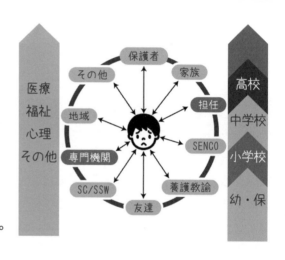

せっかくできた横断的連携ですが，適切に「教育リレー」がなされなければ，途切れてしまいます。

途切れてしまった場合，毎年横断的連携を調整していかねばなりません。もっと言えば，その調整がうまくいかなかった場合，その子へのサポートも切れてしまうわけです。

ですから，本当の意味で「教育リレー」をするのであれば，学年間の連携，学校種間の連携，教育機関以外との連携など，時系列に沿った「縦断的連携」が必要になります。

そのためには，学校教育を終えた後も生涯にわたってサポートが継続されるような連携をつくっていくことが大切です。学校教育が終わった後を考えるならば，福祉や医療，心理など，教育機関以外との連携の方が，むしろ大切になってきます。だからこそ，学校教育の段階から教育機関以外との連携を進めていく必要があるのです。

地域によっては，生まれてから青壮年期くらいまで切れ目のない支援が行われるよう相談・支援センターが設置されている自治体もあります。こうし

た機関ともつながっていけるよう調整していくことも，子どもの「I can の
発見」を大切することとつながっていくのだと思います。

Coordinate	Assessment	Relation	Decision
つながりを調整する	把握・理解する	つながりをつくる	方針を決定する

(1) 「I can & We can」を仕上げ，学級を解散する

(2) 「I can の再発見」をしかける

(3) 伏線を回収しながら，気持ちを重ねる

(4) サプライズの演出により「We can の体験」を仕上げる

(5) 学級経営を楽しむ

I can の発見 一人ひとりの個としての成長や学級に期待したことの結果を振り返らせる

We can の体験 協働により，多くのことを乗り越えられることを価値づけ，進級への動機づけを図る

(1) 「I can & We can」を仕上げ，学級を解散する

　冬休みが明けると，いよいよ学級をまとめ，次年度のスタートへ向けての調整を始める時期です。子どもたちは，これまでの自分たちの成長の振り返り，次年度への動機づけをしていきます。

　ここで気をつけたいのは，「来年も担任は○○先生がいい」と，言い始める子が出てくることです。その子の気持ちは，わからないわけではありません。とても充実した１年間を過ごせたのでしょう。

　しかし，私たち教師が目指しているのは，「I can の発見」に象徴された一人ひとりの子どもの可能性を最大化することです。さらには，その子自身がそれを実感することです。そして，仲間で力を合わせれば，いろいろなことを乗り越えられるという集団の良さを象徴する「We can の体験」です。

　どちらも主語は「子ども」であり，「教師」ではありません。先ほどのように言い出す子が出てきた場合，結局その１年間は教師の力によって導かれた成長だったととらえられてしまうわけです。子ども自身が，

本当の意味で自分たちの成長を実感したこととは，ずれが生じてしまいます。

　冬休みが明けると，学級のまとめの時期です。どのように振り返り，どのように次年度へ動機づけていくのか考えていきましょう。

①　「I can の発見」

(2) 「I can の再発見」をしかける

　前にも述べましたが，自分の良さは，自分では気づきづらいものです。他者の存在，他者の発言などによって，気づいていくものです。次第にそれが，

自分の中で定着し，自分自身がとらえる自分の良さに変換されていきます。

　では，他者からどう気づかせてもらうのか，いくつか例を挙げていきます。
これらの取り組みは，この時期だけに実施するのではなく，１年間を通して，
継続的に実施していくのが良いでしょう。その結果を蓄積していき，この時
期に集約することで，自分の良さの再発見につながっていきます。

● 「いいとこツイート "Twiitoko"」

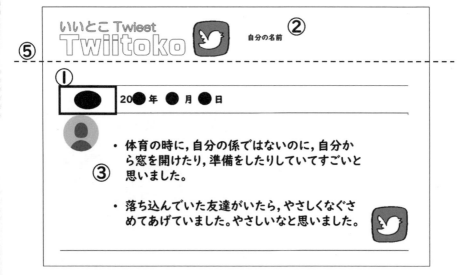

　これは，友達のいいところを探し，本人に伝えるという取り組みです。

　まず，朝の会で用紙を配付します。

　①には，出席番号が書いてありますが，ランダムに配付されるので，受け
取った子は，自分が何番の子の担当になったのか，内緒にしておきます。

　②に自分の名前を書きます。相手に渡すときには，名前がわからないよう
に，⑤の線で切りはなしますが，担任として，どのようないいところを見つ
けたのか把握するために，名前を書かせます。

　一日あるいは一週間かけて，③に担当する子の良い行動を探し書き留めて
いきます。子どもたちには，具体的な行動を書くよう伝えておきます。

④帰りの会，あるいは一週間後に回収します。内容について把握した後で，⑤の線で切り離します。まとめて裁断機で切れば簡単です。翌日，出席番号の子にプレゼントするといった流れです。

この活動の良いところは，何気ない自分の行動を誰かが見ていてくれるということに気づき，自分が誰かの役に立ち，自分の行動を客観的に認知したりできるところです。

さらには，匿名にしているところがポイントです。誰が書いてくれたのかわかってしまえば，その人の前ではよい行動が現れても，他の人の前ではよい行動をしなくなってしまう可能性があります。ドキドキ感とワクワク感を味わえる活動です。そして，何よりも，自分の行動の変化にも気づくことができます。

● 「仲間の百人一首」

友達のいいところを五七五七七（百人一首のように）にまとめていきます。読み札には，上の句と下の句を書きます。取り札には，下の句を書いておきます。グループに分かれて，学級全員分の札を作ります。例えば，32人の学級であれば，4人ずつ8グループに分けます。各グループが全員分の札を作ります。合計8セットできるわけです。

○○○○さん
せがたかく頭がよくて
おもしろく
友達思い
やさしいよ

ともだちおもい
やさしいよ

これは，札を作っている時点で，「○○さんのいいところは，何かな？」と相談する声が本人の耳に入ってきます。「やっぱり優しいところだよね。だってこの前……」という声も聞こえてきます。それをうれしそうに，こっそり聞いている姿を見ると，担任としてこの活動の価値を実感します。

これも，誰が書いて作ったカードかどうかわかりません。だからこそ，自

分の長所を客観的に確認できるのです。全員にとってポジティブな活動場面になるので，自然と全員が笑顔で，勝ちまでにこだわらない，楽しい時間になります。

● 「あなたは○○で賞」

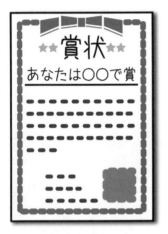

賞状のサンプル

賞状を作って渡すのもいいアイデアだと思います。その子の素晴らしいところや得意なことを賞状にして渡します。

係活動として，友達の良いところを紹介する係があれば，その係と連携しても構いません。もしないようであれば，はじめは教師からの提案でも良いかもしれません。でも，可能な限り子どもたちに取り組ませたいところです。

どんな取り組みでも構いません。大切なのは，他者がその子をどう思っているのかを見える化することです。それが見えれば，この1年間，自分はどんなことを頑張ってきたのか，どんな成長したのかを発見することができます。

どのアイデアにも共通しているのは，他者の存在が「I can の発見」を可能にしているということになります。

② 「We can の体験」

(3) 伏線を回収しながら，気持ちを重ねる

わかりやすいように，はじめに紹介した5年生の学年経営方針に沿って説明していきます。

6年生を送る会を成功させることを目的に，「リーダーになる準備をしよ

う」「自分で考え，自分たちで考え行動する」という共通目標を立てていました。

　そして2月または3月に，6年生を送る会が開催されるでしょう。そこでは，失敗がないわけではありません。でも，みんなが協力し，教師もサポートしていくので，満足できるという意味で成功に収めることができるのではないでしょうか。

　ここで「We can の体験」をより価値あるものにしていくための教師の立ち位置には2つが考えられます。

　1つ目は，下から気持ちを重ねることです。下から気持ちを重ねるというのは，教師として子どもたちに言葉をかけるのではなく，一人の人間として，子どもたちに言葉をかけるというものです。

　一言で言うなら，「ありがとう」と伝えるということです。これだけ長い時間をかけ，これだけ休み時間も使って6年生のために，そして全校のために取り組んできたことに「ありがとう」。6年生を送る会を成功させる姿を見せてくれて「ありがとう」。感動させてもらったことに「ありがとう」。さまざまな「ありがとう」を伝えるようにします。

　「ありがとう」は，人と人とをつなげるとても大切な言葉です。「ありがとう」と言われるだけで，誰かの役に立っている自分に気づくことができます。これから子どもたちが成長していく一つの方向性として，「『ありがとう』と言われる人になっていく」ことは，社会の中で必要とされる人であること，そして社会の形成者であることを意識できる象徴的で大事なものだと考えます。

　2つ目は，上から気持ちを重ねることです。これまで頑張ってきた子どもたちに対して，「よく頑張ってきた」「素晴らしかった」と，少し心の距離を置いたところから言葉をかけます。

　ここには，頑張ったのは子どもたちの集団であるということを意識づけたいという意図が込められています。一緒になって喜ぶことも共感という意味

では良いのですが，この時期にそうすることは，教師の存在が誇張されてしまうことになります。客観的に成長を実感させるという意味で，少し離れておくことが重要なのです。

(4) サプライズの演出により「We can の体験」を仕上げる

成長を実感させるためのしかけとして，2つのことを計画しました。1つは先述した「リーダーになった自分への手紙」，もう1つが「成長を振り返る動画の制作」です。

4月に書いた手紙を6年生を送る会が終わったその場で渡しましょう。6年生を送る会を目標にし，そこでリーダーになれるように頑張ってきた子どもたちです。きっと自分たちの軌跡を思い出しながら手紙を読むことでしょう。

子どもたちは，4月にどんなことを書いたのか覚えていないかもしれません。だからこそ，リーダーになった自分への手紙を読むことで，4月の自分と今の自分とを比べ，成長を実感できるのです。

ちなみに，4月の段階で，手紙を書く前には，書くための心構えや書く内容について，動機づけと説明をします。でも，手紙の内容を教師はチェックしません。子どもたちには，「次にその手紙を見るのは，リーダーになった自分だよ」と伝えておきます。

そして，厳重に封をしても良いことを伝えます。保管については，全員分まとめて封筒に入れ，ガムテープで止め，校長室の金庫に入れておくことも伝えます。徹底します。ここまですることで，教師の本気度を感じ，子どもたちも本気で書くようになります。こうしたしかけも重要なのです。

もう一つは，「成長を振り返る動画の制作」です。リーダーになるために成長してきた姿。6年生を送る会に向けて取り組んできた姿。これらの姿を客観的に振り返させる動画です。

４月からのさまざまな活動場面の写真，それぞれの活動で成長を象徴するような場面を撮りためておきます。その写真を１つの動画にして，６年生を送る会が終わったその場で，全員に見せます。もちろん教師が製作しても良いですが，今は１人１台タブレットがありますし，動画編集が得意な子もいます。その子に依頼しても良いでしょう。

　その動画を見ながら子どもたちは，自分たちが頑張ってきたことや成長した部分について味わいます。これに重ねて，手紙を配ります。あの４月に書いた「リーダーになった自分へ」の手紙です。動画と手紙で，涙を流す子も大勢います。そして，互いの健闘をたたえ合います。まさに「We can の体験」の良さを実感している場面です。

　こうした場面を大切にできる子どもたちは，また同様の場面を作りたいという動機づけをもつようになります。４月には，６年生になって，やる気いっぱいのスタートをきってくれるでしょう。

(5)　学級経営を楽しむ

　さあ，このように見てきた１年間。時にはうまくいかないこともあるでしょう。でも，うまくいかないときの多くは，学級経営をしようという教師の意図や戦略が弱いときです。意図や戦略をもって学級経営をしていれば，たとえ途中で道がずれてしまい，間違った方向に行ってしまったときも，目指すべき先を見ることができているので，元の道に戻ることができます。

　登山にたとえるなら，目指すべき頂上は揺るぎません。しかし，そこへ辿り着くまでの道のりは，さまざまあるはずです。教師としての自分，そして目の前の子どもたちに合わせて，登る道，登り方，登る速さなど，さまざまな条件を調整していくのが学級経営です。

教師がそうした姿勢でいることで，子どもたちをしっかりと育て，教育の目的である社会の形成者として育めるのだと思います。

　今，SNSの発達などにより，さまざまなHow to（方法論）が飛び交っています。How toを否定するつもりは全くありません。私も活用していますし，具体的な行動は，すべてHow toだからです。

　だからこそ，教師として大切にしたい「教師としての思い」をもっていただきたいのです。そのHow toは，自分の学級にそのまま当てはめようとしてもうまくいかないでしょう。なぜなら，先述したようにそのHow toは，発信している先生のパーソナリティで，その先生の学級の子たちに効果的だったものだからです。

　その先生と私たちのパーソナリティは違います。目の前の子どもたちも違います。ですからHow toは，自分の学級経営の引き出しを増やすものとして学んでいってください。目の前の子どもたちに一番合うものを選んだり，アレンジしたりしていってください。教育の本質を見抜ける教師として成長していきたいと，私は思い続けています。

図2　「You canの創造」（再掲）

「I can の発見」と「we can の体験」というキーワードを柱に 1 年間の学級経営について考えてきました。

　1 年の後半は，両者の境目が見えなくなってきました。この両者は，明確に分けられるものではありません。教師が，それぞれを意識していく中で，子どもたちは両者の間を往還していき，生きる力を育んでいきます。

　そうしていくことが，担任教師の責務であり，その道筋が「You can の創造」なのだと思います。

　その 1 年間は，教師としての経験値を上げてくれます。その経験値を生かして，翌年の学級経営がさらにレベルアップするようにしていくのです。

　私たちの仕事は，保護者よりも子どもの成長を近くで見られる素敵な仕事です。昨日はできなかったことが，今日できるようになる，その瞬間を見ることができる幸せな仕事です。

　ぜひ，子どもたちのために頑張れる教師になってください。子どもたちは，必ず教師の期待に応えてくれるはずです。

対談

通常学級における特別支援からデザインする！
個別最適な学び×協働的な学び
を実現する学級経営

第 3 章

赤坂　本書は，前作『個別最適な学び×協働的な学びを実現する学級経営』
（明治図書，2022）で上條先生にご参加いただき，私ももちろんそうで
すが，読者の皆さんから，もっと詳しく聞きたいというお話をたくさん
いただきました。また，特別支援教育に関する注目度の高さもあり，上
條先生のお話をまとめて書籍化したいと私の方で企画提案をさせていた
だきました。

　上條先生は，『つながりをつくる10のしかけ』（東洋館出版社，2022）
という本も出されているのですが，それとは違う角度からまとめていた
だきました。

　一読させていただいた印象として，理論編では難しい概念も説明され
ていますが，構成がしっかりしているので，全体が頭に入ってきやすい
と感じました。読者の皆さんもそう実感されたのではないかと思います。

　本章では，「もう少し突っ込んで聞きたいな」とか，「もう少し具体化
して聞きたいな」とか私が感じた部分もありますので，著者である上條
先生に伺いたいと思います。

　本書の構成ですが，第１章は，個別最適な学びと協働的な学びの２つ
の学びに対する上條先生の基本的な学びの理論，そしてそれが機能する
場として，学級の在り方はどうあるべきかについて書かれております。

　そして，第２章は，今回私から強くお願いした部分なのですが，学級
を育成する具体的なプロセスを１年間の時系列を追って表現していただ
きました。結構な無理難題を申し上げたのですが，見事に応えていただ
いたと思っております。

　学級経営の時期ごとに，上條先生の大きな柱である「I can の発見」
と「We can の体験」を軸に進めていらっしゃるわけですが，そこに
新しい切り口が入ったりして，とても魅力的な話になっていると思いま
す。ここからは，深掘りして，理解を深めていきたいと思っております。
上條先生，よろしくお願いします。

【How to にとらわれない学級経営を】

赤坂 まず，理論編からです。本論に入る前にスタンスについてお伺いしたいと思います。冒頭でネタややり方に目を奪われる教師への警鐘が鳴らされているかと思いますが，まずは，そこから伺っていきます。私も，それはつねに感じていて，とにかく学級経営というものの理論化が遅れている，また教員養成や教員研修でもしっかり学ばれていないので，ある意味共通の原理・原則に基づいて，こういうことをやっていくと子どもたちにとって，良い学級ができていくのではないかということが，整理されていない状況があると感じます。

その一方で，「こうやったら学級経営がうまくいく」とか，「こうやったら子どもが動いた」といった話は，どんどん世の中に拡散されていく状況があります。学級経営はマニュアルや教科書がないので「こうやれば，こうなる」という How to に注目する教師が増えてくるのは，致し方ないところですが，それに対して上條先生は，警鐘を鳴らされています。上條先生は，この辺りに対して，特別な思いなどがあるのでしょうか。

上條 How to というのは，わかりやすいですし，すぐ実践できるので，つい飛びつきたくなってしまうと思います。いろいろな How to を発信されている方というのは，その先生のパーソナリティで，その目の前の子どもたちがいて，という人的環境の中で成立したものだと思います。ですから，それがすべての学級で成立するのかというところは，気をつけていかなくてはならないと思っています。

赤坂 いわゆる「一般化」の問題ですよね。それが嘘だというわけではなく，極めて限定された条件の中で成功した事例という話になります。ですから，受け止め方に気をつけないと，ミスをする可能性も高い。ひょっとしたら，子どもたちを間違った方向に導いてしまうかもしれないという危険性へのご指摘だったということでしょうか。

上條 そうです。自分が過去に担任したことがある学年と同じ学年を担任し

たとします。1回目に担任したときに通じたやり方を，2回目でもやりたくなってしまいます。しかしやっぱり子どもが違うというのがあるので，通じないことがあります。そういうことからも，一番核となる部分をしっかりともち，その上でこの子たちに合うHow toを探して，選んでいく必要があると思います。

赤坂 そうすると，上條先生は，一般化をねらってこの書籍を書いているということになりますよね。要するに，できるだけ多くの先生方に共有できるものを提示したいという，そういう思いでしょうか。

上條 そうですね。気持ちとしては，一般化したいというところがあるのですが，今まで多くの先生方が学級経営をされていく中で，一般化しきれていない面がある。つまり，一般化は，非常に難しいことなのかなと思います。なぜなら，各学級において，子どもが違いますし，教師も違います。同じ教師が同じ学年を担任しても，経験値が変わっているので，基準をそろえることが難しいです。ですから，単純に一般化するのは難しいと思います。ある程度は軸になるようなものはあるのかもしれませんが，一般化していけないのが通常の学級の学級経営なのではないかと思います。

赤坂 だからこそ，上條先生は，「まえがき」の最後の部分で「うまくアレンジして」と言っているわけですね。大変，共感できるスタンスです。教育に関する一般書の読み方をご教示くださっていると思いました。

【3つのcanが子どもの成長を支える】

赤坂 では，本論に入っていきたいと思います。第1章は，上條先生が考える理論編ということで，個別最適な学びと協働的な学びの一体的な充実といった，前提論的な内容が書かれています。内容について伺う前に1つ，特別支援教育の専門家でありながら，通常学級の担任をしておられる。上條先生にとって，学級経営とは何なのでしょうか。

上條 やはり，学級経営という言葉を聞くと，集団をイメージするのですが，

私の中では，最終的には個に戻っていくイメージでいます。一人ひとりの「個」がいて，それを集団での学校生活や教育活動を通して，個として成長させていくというイメージです。

赤坂 上條先生にとっての学級経営は，やっぱり個の成長のためにあるという基本的スタンスと考えてよろしいでしょうか。

上條 はい。

赤坂 そこは，前回の書籍でも，徹底しておっしゃっていましたよね。では，本論の理解を深める意味も込めて，個別最適な学びと協働的な学びの前提を今一度，上條先生の言葉で説明してもらえますか。

上條 「個別最適な学び」は，いろいろな先生とお話していく中で，その言葉のイメージが，ちょっとずつズレているような気がします。誰が主語なのか，何を最適化するのかなど，そういった部分でのズレを感じています。自分なりに解釈したものが，「I can の発見」という言葉に詰まっています。結局は，その子がどんな可能性をもっていて，どんなことができるのかを教育活動で発見させてあげる。そういう意味で，「I can の発見」という言葉が一番ピッタリ合うと考えています。

赤坂 協働的な学びの方はどうですか。

上條 「協働的な学び」は，「We can の体験」という言葉を当てています。「I can の発見」で見つけた力やその子の可能性は，集団の中で発揮したり，何かを解決したり，他の子と比べたりすることで，さらに高めていくことができると考えています。ですので，「I can の発見」をして，それを「We can の体験」を通して，「I can を再発見」していくというイメージです。やはり集団の中で協働的な学びを通して，個の学びを高めていく感じです。

赤坂 「I can の発見」と「We can の体験」をいつも往還しているというイメージでしたよね。

今回，前回の書籍にはなかった「You can の創造」という言葉が出

てきましたよね。そこを説明してもらっていいですか。

上條 はい。「I can の発見」というのは，子どもが主語です。「We can の体験」も，子どもたちが主語です。ただ，私たち教師は，子どもたちを育てていかなくてはなりません。ですから，今回の「You can の創造」の主語は教師になっています。もう少し詳しくお伝えすると，「You can」の「You」は，単数形と複数形の2つの意味をもっています。

　単数形の方の「You」は，あなたはできるという，「I can の発見」ができる教育環境を創造していくことを意味しています。複数形の方の「You」は，私たちはできる，私たちはできたという「We can の体験」が可能になるような教育環境を創造していくことを意味しています。教育環境を創造していくのは，教師なので，「You can の創造」の主語は，単複いずれも教師になります。

赤坂 私も，最初に読んだときに，「You can の創造」の主語は誰なのだろうと気になっていましたので，確認させていただきました。こうすると，教師の立場が明確に出てきますよね。

　では，理論編の中の「I can の発見」の前提の部分に入っていきたいと思います。まず「I can の発見」の前提条件のところで，特別支援教育の視点を根拠にした子ども理解とおっしゃっていました。前回の書籍の中で，「特別支援教育とは，ズバリ何ですか」とお聞きしたときに，上條先生は「子ども理解だ」とおっしゃったと思うのですが，特別支援教育を根拠にした子ども理解ということを，特別支援教育を専門としていない方にもわかりやすいように説明すると，どうなりますでしょうか。

上條 「子ども理解」という言葉は，とても聞こえがいいです。でも，人間ですので，見えていることでしか子どもを理解できないというところがあると思います。「○○ができる子」「○○ができない子」といった具合です。その方が簡単ですが，それだとその子を成長させたり，伸ばしたりすることには，つなげにくいと思っています。

その子が，できないのであれば，なぜできないのか，どうしたらできるようになるのかという見えていない真実の部分を教師が見るようにしなければならないと思っています。そこを見えるようになれば，その子の可能性を最大化させることができると思います。見えていない真実を見るためには，特別支援教育の視点の中にヒントがあるのだと考えます。例えば，「読めない」という子どもの苦手さがあるとします。同じ「読めない」でも，文字を音声化するように読み上げるのが苦手という子もいるでしょうし，音声化できても内容理解や解釈が苦手という子もいます。この両者では，支援の仕方が変わってくるはずです。単純に見えている行動だけを見ていては，どのような支援が最適なのか選択することができないのです。

赤坂 例えば，子どもが学習したくないように見える場面があるとします。見えている部分は，学習したくないと見ることができますよね。でも，学習したくないのか，学習したいのか聞いたときには，ひょっとしたら学習したいのかもしれないということでしょうか。

上條 そうですね。もし，学習したいという気持ちがあるのであれば，そのままにしておかず，その子ができるような環境を整えていくというところが，教師の役目だと思っています。つまり，「You can の創造」です。

赤坂 では，学習したくないという状況だったら，学習したいという気持ちに導いていくことも教師の役目ということでしょうか。

上條 はい。そう思います。学習したいという気持ちになれるように，できるかもしれない，ちょっとやってみようかなと思えるような環境を整えていくことも，教師の役目だと思っています。

【「間主観的視点」をもつ教師とは】

赤坂 教師の役目の中で，上條先生が前回の書籍から大事にされている「間主観的視点」というのがキーワードになってくると思います。改めて「間主観的視点」について説明してください。前回の書籍でも指摘させ

ていただいたように，理屈はわかるけれど，実際に「間主観的視点」に立つのは難しいと思われます。上條先生は，実際にどうやって実現しているのでしょうか。

上條　まず「間主観的視点」の説明をさせていただきます。『小学校学習指導要領解説 総則編』には，学級経営で担任する教師にとって一番大切なものが「子ども理解」であるとなっています。これを詳しく読んでいくと，客観的視点で子ども見るということと，愛情をもってというような主観的視点で子どもを見るということの2つが書かれています。そこから考えたのが「間主観的視点」です。

　学校現場にいると，担任の指導だけでは難しさを感じたときに，専門家の助言を聞くなど，客観的視点を支援の根拠にしていきます。それらは，個々の子どもを見る上では，正しい視点だと思います。ただ，学校は集団の中で子どもたちが生活を送っています。その中では，他者との関わりが必ずあります。そうすると，ただ客観的にその子を分析するだけでは，集団の中で，その子らしく過ごすということは難しいのではないかと思います。

　一方，その子に愛情をもって接していく主観的視点の専門家は，保護者だと思います。その子自身は，主観的視点で守られ，安心して学校生活を送ることができるのかもしれません。でも，主観的視点が強すぎるのは，集団の中で折り合いをつけながら生活していくことを難しくしてしまうことがあります。

　教師は，専門家のように客観的に子どもを見ることができますし，学校生活を共にしていくことで，保護者のように強い絆も生まれていくのだと思います。この両者の視点をもっているのが，教師だと考えます。

赤坂　では，専門家のようにデータやアセスメントに基づく客観的視点と，愛情ベースに心情に寄り添っていく主観的視点の2つをもつのが教師ということですね。

上條　はい。どちらかに偏りすぎると，集団の中でその子を育てることは難

しいと思っています。

赤坂　実際に，上條先生は，間主観的視点をどのように実現していらっしゃいますか。難しい部分があると思うのですが。

上條　確かに難しいのですが，その２つの視点を意識していくことが大事だと思っています。子どもによっては，客観的視点よりも，主観的視点を大切にした方が良い子もいるわけです。例えば，学校生活で不適切な行動をする子がいたとします。客観的視点として，その子の行動を分析する場合には，応用行動分析学の視点で分析していくことがあります。そこでは，不適切な行動に代わる適切な行動を教えていく必要があります。よく赤坂先生は「何を言うかよりも，誰が言うかが大事である」とおっしゃいます。適切な行動を提案し，その子がそれを実行しようと思える関係をつくらなければならないと思います。そのためには，主観的視点としての愛情や信頼関係が重要になってくると思います。

赤坂　以前，私の書籍を読んだ方が，特別支援教育の専門家として応用行動分析学を学んできて，ニーズのあるお子さんたちに支援をしてこられたとおっしゃっていました。でも，なかなかうまくいかなかったようです。そうした中で，アドラー心理学の視点を入れたことで，うまくいくようになったと言われていました。上條先生のお話を聞いていて，そういうことなのかなと思いました。要するに，オペラント条件づけに基づくような単純なものではなく，そこに愛情や関心といった情緒的なつながりが入ることにより，子どもの理解が深まる。それによって，効果的な支援ができるということでしょうかね。

上條　そうですね。単純に応用行動分析学だけを当てはめようとすると，「不適切な行動はスルーする」といった手法も含まれます。これは，解釈によっては「子どもの行動を無視する」ことにもなります。客観的視点の手法だけを採用しようとした場合，子どもの心理的なフォローが疎かになってしまうことがあるのです。だからこそ，客観的視点と主観的

視点の両方の視点が大事なのだと思います。

赤坂 不適切行動に注目を与えないことを「スルーする」とか「無視する」などと表現することがありますが，我々が行う場合は，「教育的スルー」とか「教育的無視」など，「教育的」が入りますよね。応用行動分析学はとても有効な理論だと思っているのですが，「スルー」をするにしても「冷たいスルー」と「温かいスルー」というのがあって，冷たいスルーは，子どもの不適切な行動をかえって悪化させてしまうのではないかと考えています。以前よりも，この「間主観的視点」について，はっきりわかりました。アドラー心理学が支持されるのは，そういうところかもしれませんね。

【「We can の体験」の創出には「対等的信頼関係」が必要】

赤坂 さて，引き続きもう一つの大きな柱「We can の体験」についてお聞きしたいと思います。ここで確認したいことが2つあります。1つは，対等な関係についてです。上條先生は，「We can の体験」に必要なのは，対等な関係だとおっしゃいます。対等な関係というのは，良好な関係である。では，良好な関係というのが何かといったときに，信頼が伴う対等性ということで，「対等的信頼関係」と言っていました。

私は，対等であるということは，信頼を伴うものだと考えています。もちろん信頼のある上下関係も成立することはあるでしょうが，人間関係の中に上下関係がもち込まれると信頼は形成しづらくなるのではないでしょうか。対等な関係がそこにあることによって，信頼関係は共有されるだろうと考えられます。上條先生が，あえて「対等的信頼」と「対等」を付け加えたところには，特別な意味があるのかなと思ったのですが，いかがでしょうか。

上條 私の中でのイメージですが，信頼は，子どもどうしの信頼もあれば，教師と子どもとの信頼もあり，いろいろな形の信頼があると思います。

教師と子どもとの信頼関係においては，対等という言葉は当てはまらないと思っています。逆に，子どもどうしの信頼関係においては，対等という言葉が当てはまると思いました。その理由としては，子どもどうしは，全く同じではないからです。子どもによって得意・不得意は異なりますから場面や時間や内容によって，活躍できる度合いや人が変わってくると思います。そういった意味で，常に特定の子がリーダーシップを発揮しているのではなく，音楽のときにはこの子だし，体育のときにはこの子だし，といった具合に，活躍場面が変わっていくという意味で対等という言葉を使っています。

赤坂 対等っていうのは，いつもフラットということではなく，得意，不得意が入れ替わる，教える，教わるが入れ替わるなど，役割が場面場面で入れ替わる，そんなイメージでしょうかね。

上條 そうですね。

赤坂 では，対等というのはわかりましたが，それが信頼とはどのようにつながるのでしょうか。信頼の意味が問われるのかなと思いますが，どうでしょうか。

上條 次のような場面をイメージしていただくと「信頼」に込めた意味をとらえていただきやすいと思います。この場面ではこの子に教えてもらおうとか，この子に助けてもらおう。でも，この場面では自分が得意だからあの子に教えてあげよう，あの子を助けてあげようとなると思います。このときに援助を要請する気持ちも，他者に貢献しようという気持ちも，どちらも信頼できる相手だからこそ，もてるのだと思っています。だから，「対等的信頼」という言葉を使っています。

赤坂 では，この子の力になりたいとか，この子に助けてもらいたいとか，そういった心情を伴うものが「対等的信頼」ということですね。さっき上條先生が，教師と子どもは対等ではないと言ったのは，役割交代というのが起こりづらい関係にあるから，その意味では，対等ではないとい

うことですよね。ただ，人間としては対等だということなのですね。

上條 はい。そうですね。

赤坂 教師の役割においては，やはり教師が主導権やその決定権をもつ場面が多いので，教師と子どもというのは，なかなか対等になることは難しいかもしれない。でも，子どもどうしにおいては，学級経営の中で対等を実現していきたいと考えていらっしゃるということですね。

上條 はい。

赤坂 よくわかりました。かつての授業論で言っていた逆転現象みたいなことが，日常的に起こるような，そういった場面をつくっていきたいということですね。どうしても小学校だと，かけっこの速い子や運動の得意な子がリーダーシップを取りがちになってしまうけれども，そういう単線的な評価規準ではなくて，いろいろな評価規準が並列している，いわゆるどの子も輝けるようなクラスがいいということですね。

上條 そうですね。そう言えば，先日子どもたちから，「お楽しみ会をやりたいので，時間をください」という声が上がりました。企画書を出してほしいと伝えたところ，お楽しみ会の目的を学級目標にリンクさせ，役割分担も時間配分も考えられたものが提出されました。その中のプログラムを見ると，係が分担されていて，係の子の得意分野で担当しあおうとしているのだと感じました。お互いに得意分野を知っていること，これはスペシャリストの○○さんに依頼するなど，クラスを盛り上げるために協力してもらおうとしていることが感じ取れたのです。これもお互いに尊重し合う，対等的信頼関係にあるからこそ，できることなのかなと思いました。

赤坂 今の上條先生のお話を伺っていると，教科指導だけだと，なかなか逆転現象は起きづらいのかもしれないと思いました。教科だけでなく領域，特別活動などの日常の学級生活みたいなものがあるからこその逆転現象だということですね。そう考えると，やっぱり学校教育というのが教科指導だけで彩られていくというのは，子どもたちの対等性の観点から見

ると，ちょっと不十分なのかもしれませんね。もちろん授業のプロたちは，その逆転現象が起こるようにやってはいるのだと思いますが，やっぱり教科指導の中だけでは輝けない子というのはいるかもしれませんね。

【目指すべきは「特別」ではなく「標準」】

赤坂　上條先生は専門家なので，あえてお聞きしたいのですが，20ページに『令和型教育のユニバーサルデザイン』は，この『You can の創造』と重なる」としています。教育におけるユニバーサルデザインという言葉が教育界に一般化しているかというと，まだそうでもない部分もありますよね。教育における社会的包摂を促す概念として，授業 UD とか，UDL，さらに，インクルーシブ教育システム，そして従来からの特別支援教育がありますが，私たちはこれらをわかっているようで，よくわかっていないのではないかと思います。これらの似て非なる言葉を，上條先生はどういうふうに整理されているのでしょうか。まず教育のユニバーサルデザインとインクルーシブ教育，特別支援教育については，どう整理されていますか。

上條　なかなか難しいですが，教育のユニバーサルデザインは，予防的環境調整だと今，自分の中で考えています。事前につまずきがないようにしたり，より多くの子どもたちが学びやすいようにしたりするので，予防的環境調整です。先ほど言及した「令和型教育のユニバーサルデザイン」というのは，環境調整を「令和型」という表現に込めています。つまり「You can の創造」という言葉には，「I can の発見」と「Wecan の体験」を実現できるような環境をいかに創造するのかという意味が込められているようにです。

赤坂　なるほど。ここをユニバーサルデザイン化していこうということですね。

上條　はい。そして，インクルーシブ教育についてなのですが，これもいろいろな解釈があると思います。今，私が思い描いていることとしては，

インクルーシブ教育は，「手法」などではなく「状態」だと考えています。つまり，いろいろな環境調整をした結果，インクルーシブにみんなが安心して学べている環境ができた，その状態ということです。

赤坂 要するに，ユニバーサルデザインは手立てであって，結果がインクルーシブということですね。

上條 そういったイメージです。

赤坂 わかりやすいですね。

上條 特別支援教育については，冒頭で赤坂先生におっしゃっていただきましたが，やはり子ども理解の視点だと思っています。特別支援教育の視点を使って子ども理解をし，より良い学びの環境を提供していく。そういう意味でとらえています。例えば，ユニバーサルデザインの環境調整も，特別支援の視点で子どもを見て，こういうつまずきが想定されるから，こういう授業をしていこうという形で使えると思います。インクルーシブ教育については，先ほど結果ということでお話しましたが，その結果が，本当にその子に適したものになっているのかをフィードバックしていくのも，特別支援の視点で見ていくのが大事だと思っています。

赤坂 上條先生の話，とてもよくイメージ化できました。ユニバーサルデザインという手立てによって，インクルーシブを実現していこうということですよね。その対象は，すべての子どもたちでしょうか。その中で，個別にニーズがある子たちがいます。その子たちに対する支援および教育をしていくのが特別支援教育なのだということですね。

上條 実は，特別支援教育の境目が，最近わからなくなってきたんです。

赤坂 いや，私もね，よくわかります，その感覚。私は，特別支援教育が法制化される前から学級担任をしていましたので，後から特別支援教育が入ってきました。「それ，当たり前でしょ」と感じてしまいました。子どもが困っているのだから，わざわざ発達障害の名前をつけて，その名前に基づく支援をするといったことではなくて，その子に必要な支援を

すればいいじゃんという発想でした。

上條　本当に，今おっしゃったそのとおりだと思っています。特別支援教育の考えではこうだからとか，心理学ではこうだからとかいろいろあるけど，結局やることは一緒だよなって思います。その子のためなのですよね。診断が有る無しとか関係なく，その子に必要なものを必要な分だけやるのが教師の役目だと思います。

赤坂　特別支援教育は，本当に大事なことだし，すべての教師が学ぶべき重要な，優先順位が高いものだと思うのだけれど，そういう枠組みが入ることによって，クラスの子の頭の中に，この子は特別支援の子，この子はそうじゃない子みたいな壁ができてしまっているのではないかと思うことがあります。

上條　そうですね。その特別支援教育という括りが，なくなるのが理想かなと思います。それは，すべての子に対して，ニーズをしっかりと把握して教育するという意味で，なくなるというのが理想ですね。

赤坂　逆にいうと，標準装備ですよね。

上條　そうですよね。

赤坂　いや，ありがとうございます。何かここの議論だけで別の書籍ができそうな気がしてきます。

【カードをきり，子どもと共にストーリーを紡ぐ】

赤坂　今度は実践編，年間計画についてお話を進めていきたいと思います。このカードをきるという発想が，素敵だなと思いましたね。4枚のカードです。これについてお聞きしたいと思います。そもそもカードをきるという発想は，どこから得たのでしょうか。

上條　学級経営に対して，何も問題が起こらなければいいという考えが現場にはあるのではないかと感じます。でも，やっぱり個の力を伸ばしたり，集団の中で伸ばしたりというところが大事だと考えると，何かしら戦略

を立てていかなければならないと思っています。

　変な自慢ではないのですが，よく「先生マジックですね」と言っていただくことがあります。集団の中で安心して過ごせていない子がいたときに，クラスを担任し，その子がある程度落ち着いて学校生活を送ることができるようになることが何度かあり，そのときに「マジックですね」と言われるのです。

　マジックなので，種も仕掛けもあるわけで，決して魔法ではないわけです。その種や仕掛けの部分が特別支援教育の視点だったり，子どもに対する手立ての部分だったりすると考えています。そして，それらを戦略的に，カードをきっていくように使っていくという点で，マジックを象徴するトランプを使って表現するといいのではないかと考えたわけです。

赤坂　上條先生が，そうやって周りの先生方に「上條マジックだね」と言われる中で，魔法じゃなくてマジック，つまりちゃんと手立てを打っているからだという話ですね。このカードをきるというのが，学級担任としての非常に主体的なリーダーシップの在り方を端的に表現していると思います。こういうときに，この手でいこうということって，あるじゃないですか。この感覚がセンスいいなと思っています。でも，そのためには，ちゃんとカードを持っていなければならないですよね。ここがやっぱり，事前設計としての学級経営で，カードを持つためには，やっぱりそれなりに勉強していなければならないですよね。

　そして，勉強すれば，カードはたくさんあるのだけれど，そのカードをやみくもに出すのではなくて，そこには判断力が必要になります。それが，戦略における意思決定なのですよね。24ページに，企業経営との比較が書いてありますが，うまくリンクさせて書いてあるなと思いながら，読ませていただきました。さて，この４枚のカードの内容ですが，視点を決められた根拠や経緯などはあるのでしょうか。

上條　自分が学級経営をするときに気をつけていることは何かなって考え，

それを集めていった結果，カテゴライズしていくとこの4つに分けられるのではないかと考えました。もちろん，この4枚から外れる部分があるかもしれないですが，カードをきっていくという意味で一番伝わりやすいのは何かなって考えてみて決めました。

赤坂 じゃ，ジョーカーがあるのですね。

上條 ただ，基本はこの4つから外れないかなって思います。

赤坂 たぶんジョーカーを含めた5枚あって，それを適宜出すという感じでしょうね。でも，そのジョーカーは，自分で決めてほしいということですよね。上條先生が冒頭で言ったアレンジといったところですよね。

上條 そうですね。ただ，その4種類のカードも，通常のトランプと同様，スペード，クローバー，ハート，ダイヤの4種類がそれぞれ13枚のカードを持っています。それが対談の冒頭で話題に上がった How to で良いと思っています。今，子どもたちのつながりをつくらなければいけない。目の前の子どもたちには，どのカードでいこうかなって選んできっていく。そういう意味で How to を使うのは有効だと思います。

赤坂 上條先生の実践や戦略は，つながりというのが中心になって進んでいく，という印象を受けたのですが，それは間違いないでしょうか。

例えば，個別最適な学び＝「I can の発見」，協働的な学び＝「We can の体験」は，つながりの上で展開していくということでしょうか。

上條 そうですね。良好なつながりによって「We can の体験」は，より良い体験になると思います。より良い体験であればこそ，「I can の再発見」は，さらに良質のものになると考えています。

赤坂 上條先生は，全体の在り方と個の在り方とを分けていないですよね。今，良好なっておっしゃったけれども，それは，上條先生のおっしゃる「対等的信頼関係」の土壌で，個人の可動域が広がっていくという意味ですね。

では，つながりの話に入っていこうと思いますが，つながりを意図的・戦略的につくっていくことは担任教師だけができるものです，と書

かれています。これに私は大賛成なのですが，つながるのは，子どもじゃないですか。教師の役割は，どこまでなのでしょうか。

上條 今おっしゃったように，つながりのきっかけをつくっていくのは教師だと思っています。ただ，つながったからといって教師が手を引いてしまうと，適切なつながり方をしなくなっていくことがあると思います。例えば，いじめの問題ですが，明らかに不適切なつながり方をしていますが，つながっているといえばつながっています。そのつながりが間違っているのであれば，調整していかなくてはならないでしょう。常に，調整したり，メンテナンスしたりしていかなければいけない。だから4枚のカードの中には，「つながりをつくる」というカードと「つながりを調整する」というカードが含まれているのです。ですから，教師は，形を変えながらも，子どもたちに関わり続けるのかなと思います。

赤坂 そうですよね。なんか学級づくり，学級経営は4月が勝負という方もいらっしゃると思いますが，上條先生の話を伺うと，いつもカードをきっているように思います。本書も，やはり1学期のボリュームが大きいですよね。だから，4月，5月が大切だという認識は変わらないかもしれないけれど，4月だけで勝負しているわけではないですよね。年間を通じて，適宜カードをきっているというイメージですよね。

上條 そうです。

赤坂 一つ一つのカードの内容が，学級担任としてすごく大事なポイントを押さえているなと思って読ませていただきました。特に感銘を受けたのは，ダイヤのカード「Decision　方針を決定する」ってカードですね。つまり，教師も子どもも，そのような方向性を見つけ，同じベクトルで進んでいくということかと思います。なかには教師が意思決定して，ガンガンやっているクラスってありますよね。だけど，子どもと教師が乖離していることもあるわけです，いわゆる指導力のある先生とそのクラスで。子どもたちがみんな先生のやっていることを忖度してついていっ

ているという状況で。

しかし，上條先生は，この後の方でも結構おっしゃっているのだけど，子どもと一緒に紡いでいく感じですよね。ストーリーをすり合わせるという感じでしょうか。その辺りが独りよがりではない，特別支援教育を知っている人の学級経営って，そういうことなのだと思って，すごく納得しました。もちろん，特別支援教育を学ばなくても，特別支援学級の担任をしたことがなくても，子どもと共に紡ぎながらやっている先生もいらっしゃる。でもやっぱり上條先生が本書で訴えるものというのは，特別支援教育の視点によって，子どもと一緒に歩む学級経営，ここが大事なのだとおっしゃっている。ここが本書の重要な主張なのかなと思って受け取りました。

【ゴールをそろえれば，教師も子どもも動き出す】

赤坂 今度は学年初めから具体的に時系列に沿っての実践に入っていくのですが，例えば，上條先生は，子どもに出会う前から学級経営を始めているような記載がありましたよね。そしてその前担任からの引き継ぎを大事にされているのだけれど，その一方で，前担任の先生がキャリアがあって影響力のある人だったりすると，割とその主観的解釈が先入観に化けてしまうということがありますよね。これは，多くの先生方が悩んでいるところだと思います。引き継ぎがないのも悩むのだけれど，引き継ぎが主観的だとそれが先入観に化けてしまって，子どもとの良好な関係を築く阻害要因になってしまう。上條先生は，引き継ぎが先入観にならないように工夫などなさっているのでしょうか。

上條 やはり，自分が引き継ぐ側だとしたら，それまでの子どもとのヒストリーがあるので，どうしても熱い思いを語りたくなってしまいますが，やはり引き継ぎで大事なのは，客観的事実なのだと思います。客観的事実は，前年度の集団の関係性の中で，それがあったということです。それを受け

て，その環境を調整して今年度のクラスが編成されていると思います。ですから，客観的事実として不適切な行動があっても，同じ行動が起きるとは思えないけれども，どうしてそれが起きたのかということを，事実レベルで客観レベルで引き継ぎ，同じことが起きないように，新たな人的環境の中で，カードをきっていくようにすることが大事だと思っています。

赤坂 引き継ぎの問題って，注意深く情報を受け取る必要があり，こちらのリテラシーがすごく問われますね。

　本書を読み進めていって，素敵だなと思ったところが，35ページ。通常の学級担任として絶対に忘れてはいけないことがある，と言っていますね。それは，交流という形で学ぶ子どもも含めて学級経営であるという視点ですね。上條先生がこういう表現をしているということは，交流学級だけじゃなくて，通級の子どもたちも同じように見ているのではないかと思います。でも，交流学級や通級の子どもたちの学級への適応感が下がっているという先行研究も数多くあり，実際，私たちの研究チームも，そういったことを確認しています。中学生くらいになるとそうした現状を語ってくれます。良好な人間関係をつくろうと，「いいとこ発見」みたいなことを実施するクラスもあり，取り組みは素敵だと思うのだけれど，やっぱり適応感が上がらない子にインタビューすると，「いいとこ発見って言ったって，俺（みんなのこと）知らないもん」と言うのです。上條先生は，交流学級や通級の子たちの適応感を下げないために，配慮していることや工夫していることはありますか。

上條 小さいことかもしれないですが，このクラスは何人いるだろうと確認する場面で，交流に来る子たちの人数が子どもたちの意識の中に入っているかとか，「今日，お休み何人だっけ？」と，今いない人数を確認するとき，あるいは「今日いないの誰だっけ？」と問いかけたとき，ちゃんと名前があがってくるかというところが，意外と大事だし，そういうことを大切にしていくことで，子どもたちの仲間意識もしっかりしてく

るのかなと思います。

赤坂　子どもの視野がどこまで及んでいるかということですね。例えば，この前見たクラス会議では，欠席の子がいたのですが，その子の座席がちゃんと輪の中にありました。担任の先生がそれを見つけて，「ああうれしい」って言うと，それだけでもだいぶ違います。特別支援学級の子がいないときに，「○○さんは，今日どうしたの？」と子どもがいうとか，そういうことですよね。先ほど，上條先生は，小さいこととおっしゃったけど，それが実は大きなことだったりするのかもしれませんね。結局，担任がどこまで見ているのか，その視野を子どもと共有できているかというあたりが大事なのかもしれません。特別に「これやろう」「あれやろう」とか，「いいとこ発見」しようとかするよりも，むしろ存在をつねに意識するということが，交流学級の子や通級の子たちの適応感を下げないための必須条件かもしれないですね。

上條　今，ドキッとしながら聞いていたのですが，担任の視野は，自然と子どもの視野にもなっていくのだと思いました。担任の接し方に，子どもたちの接し方も似てきますよね。そういった部分で，担任のスタンスとか，担任の構えとかは，本当に意識しないといけないと思います。

赤坂　本当にドキドキします。私なんか，ゼミ生が今40人以上いますが，話していない人がいるのではないだろうかとドキドキしながら，ゼミ経営していますけどね。

　　さて「We can の体験」の部分で共感したところがあって，学年経営のストーリーです。学年経営方針をそろえるってことで，５年生の例がありますね。私はリーダー指導について，話をする機会には，５年生のときに，いかに６年生に向けて，つまり全校のリーダーになる自覚をもたせるかって，大事だなと思い伝えるようにしています。そのことが，改めて言葉にしてあり，感銘を受けたんですけども，38ページの図６は，上條先生の学年経営のストーリーなのではないかと思います。これは，上條先

生がストーリーを立てて，学年のメンバーと共有するということですか。

上條　そうです。ここ数年は，学年主任という立場にあります。よく学年経営をするときに，「そろえましょう」という言葉を耳にします。でも，そのそろえるというのが，子どものためにそろえようではなくて，教師が自分の身を守るためにそろえようという感じがしています。その気持ちはわからなくもないですが，教師のパーソナリティも，子どもも違うので，そろえきることはできないと思っています。ただ，ゴールについては，ある程度そろえなければいけない。そろえなくて良いのは，ゴールまでの道筋だと思っています。よく赤坂先生は，登山を例に出して，山頂というゴールは一緒だけれども，そこまでの道のりはそれぞれ違って，いろいろな方法があるとおっしゃっています。学年経営も同じように，ゴールを見なければいけない。ただ，あまりにも遠回りしたり，直接山頂に到着してしまったりしてはいけない。育てるべき部分は育てないといけないので，ここで示したようにキーワードとしてあげて，学年内でキーワードを意識しながら，担任や子どもたちの個性を活かして指導していこうという意味で，このような図をつくっています。

赤坂　ゴールをそろえるということは，みんな納得するけれども，今の学年連携って，方法論をそろえる，つまり道筋をそろえようとしますよね。教室の掲示物の場所までもそろえようとすることがあり，そろえるところがちょっと違っているのではないかと思ってしまうことがあります。でも，学年が終わったときに，あるクラスは10合目まで行って，あるクラスは5合目までしか行っていないというのでは困るということですよね。私が素敵だなと思うのは，ゴールをそろえるだけじゃなくて，ストーリーをもっていることです。

　後で遠い目標と近い目標っていうのが本の中に書かれていますけど，遠い目標がしっかりと示されていて，近い目標がストーリー化されているということが大事じゃないかなと思います。その中で，この図6は，非

常に明確だなと思いました。「上條先生, 仕組みをつくるのがうまいですね」と思うのは, こういうところも含めてなんですよね。やっぱり, 学年主任って, 専門的に鍛えられる分野でもないですよね。学年主任の経験則やその人の思いなどで, 良い学年, 良くない学年という当たり外れがかなり大きくなるのではないかと思います。こうやって図にしてもらって, そこを目指そうねって共有し, しかもその通り道まで示してあるという学年経営プランというのは, 本書のテーマからすると, ちょっと脇道のような話に聞こえるかもしれないけど, 実は「We can の体験」をつくるときに, このグランドデザインが, とても大事だということですよね。

上條 そうですね。結局, 教師にとっての「I can の発見」と「We can の体験」も, ここに含まれているのではないかと思います。教師も子どもも, できたかできなかったかの2択で物事をとらえようとして, 見たり振り返ったりしていると思います。でも, 本当に考えなければならないのは, できるまでの道筋であり, もしできなかったらどこまでは行ったのかという振り返りの部分は, すごく大事だと思っています。子どもには振り返りが大事だと言っている割には, 意外と教師はできていないということがあるのではないでしょうか。この図がすべてだとは思いませんが, ある程度の形にすることで, 達成部分と達成できなかった部分とをチェックしていくというのは, 次の学級経営につなげていくためには, とても大事な視点だと思います。

赤坂 私は, 自分が荒れた学年をもったときに, 学年掲示板にこういったものをもっと簡略化して, イラスト化して, 「これ, できたね」と言いながら花を貼ったりしていました。要するに, ビジョンを教師だけじゃなくて, 子どもとも共有するということです。「みんなどんな卒業生になりたいの」などと問いかけてしかけていました。ヤンチャな子たちも, 「しかたない, やるか」みたいな感じで取り組む姿も見られました。

上條 子どもたちも, ゴールが見えると, ちゃんと見て動いてくれるもので

すよね。

赤坂　本当にそうで，意外と子どもも意識してくれているものですね。むしろ，「この子たち動かない子たちだね」という学年って，ゴールを示してない可能性がありますね。ありがとうございます。文字化されたのを見る経験があまりなかったので，感銘を受けたわけです。

　その後に，上條先生は，特別支援教育における見通しとかを大切にされます。この見通しって，やっぱりストーリーのことですよね。上條先生の表現って，終始一貫しているのですよね。後で違う言葉で説明されたりするので，そういうところも理解しやすかったなと思います。

【上條理論の「核」と「枠」】

赤坂　「4月」に来るまでに，かなり時間がかかりましたが，上條理論の中で，ぜひ読者の先生方に共有したい考え方があります。学級経営の「核」と「枠」です。これ，上條先生はいつ考えたのですか。2022年って書いてありますけどね。『つながりをつくる10のしかけ』の中ですか。

上條　そうですね。その本をまとめていく中で，何かを発信する際に，自分の思考を整理するためにも，言葉って重要だなと思っていて，「核」と「枠」というちょうど似ている言葉が見つかったので，当てはめました。「核」というのは，どの学級でも共通するところですが個々の教師の思いともつながり，さっきの学級経営の引き継がれにくい理論のような部分を「核」ととらえて良いと思っています。「枠」というのは，子どもに合わせて設定しないと，教師の枠を当てはめることになり，その枠にはまれなかった子たちが，学級から離脱していくところなので，「枠」は，本当に柔軟に考えていかなければならないと考えています。

赤坂　よく，教育のユニバーサルデザインとか，インクルーシブ教育の書籍を読むと，担任が子どもの実態に合わせて学級の想定を広げるなどと書いてあるけれど，こういうふうに「個別で枠ができているのだ」という

発想と同時に，でも学級経営していく上では，その枠がバラバラでは成り立たない，だから，「みんなで共有する部分が必要」という，発想ですよね。これには，目が開かれた思いです。

　私，こういう大事な概念って，多くの先生に共有するべきだと思うのですが，上條先生の考える「核」って，例えば何でしょうか。たぶん，子どもがそのままもっているというよりも，やっぱり教師の思いとか，教師が大事にしたいと思っていることがここにくると思います。「枠」は，子どもに合わせてフォーミングしていくと思うのですが，「核」となる部分は，教育者たる教師が設定していくものなのではないかと思っていますが，どうでしょうか。

上條　一言で言うなら「安心できるクラスになっているか」ということだと思います。逆説的に安心が崩れたときのことを考えると，クラスにいると不安だとか，クラスにはいたくないとかで不登校という選択を子どもがしたり，教室には入らない，あるいは教室には入るけれども，パフォーマンスは発揮できないとかです。結局のところ，自分の学級に不安を求めている子はいないと思っています。だからこそ，安心を創造するというのは，「核」の中の大事なポイントだろうと思います。

赤坂　先ほど，私は，教師が設定すると言いましたが，教師はいろいろな勉強をしたり，子どもの実態を見取ったりして，ここに「核」が来るのが妥当だなと，教師が意思決定する。そういうことでしょうか。そしてそれはカードをきるようにして，「ここだ」って決める必要があるって話ですよね。そして，「枠」の部分については，今年担任した子たちを見て，Aさんはこうだから，Bさんはこうだからと，こういう大きな枠組みをもっておこうかなってことですよね。教師の決定権でいうと，「核」の部分について，教師の主体的な判断がすごく問われて，「枠」の部分については教師の見取る力が問われますよね。そういうことでしょうか。

上條　はい。そうですね。特に「核」について，教師のぶれない，揺るがな

い毅然とした姿勢が必要なのかもしれません。

赤坂 クラス会議を例にして「核」について言わせていただくと，それは，クラス会議で身につける「価値」「態度」「スキル」のことではないかと思います。要するに，多様な子どもたちが一緒に生活し学び合うためには，共通の土台が必要だということです。ゼミ生には，冗談交じりに「サザエさんの食卓理論」と言っているのですが，やっぱり一堂に会するというのは，結構意味があることだと思っています。それぞれの自由を認め合うといっても，土台をもたずに「共通理解」はできません。バラバラさを容認し，受容するためには，共通の価値をもつ必要があります。

　それをするには共通の時間を過ごして確認し合う時間が必要です。場の共有をしないことには，学びや価値の共有は起こりづらいのです。この時間はみんなで過ごそうって時間をあえてもつことは，学級の一体感をつくる上で結構大事かなって思っています。それがイエナプランでいう朝のサークルタイムとかで，「みんな今日の気分どう」「そうなんだ」「Aさんは今日怒ってるんだね」「なんで怒ってるの」「けんかしたんだ」「Bさんはうれしそうだね」「昨日お寿司屋さんで大好きなホタテ食べたんだ」と，そういう気分なのだと確認しながら1日を始めるって，結構大事なのではないでしょうか。

　それぞれの自由を認める，みんな違ってみんないい，という表層の耳あたりのいい言葉だけを追い求めると，共通に大事にしたいことを見失い，かえって不自由になり，違っていることを攻撃し合うような状況をつくりかねないわけです。

　今，そうした共有部分がクラスの中で減ってきているのではないかと思っています。個性化，自由化の下で。だから，この「核」の設定意識というのは，民主的でインクルーシブなクラスをつくるがゆえに，大事な部分ではないでしょうか。

上條 一人ひとりを大事にすることは大事だし，特別支援教育も一人ひとり

のことを見ていくのだけれど，バラバラではなく，集団で学ぶ良さもあると思います。集団で学ぶことを考えると，ある程度のベースとなる最低限のものがないと，と思っています。それが「核」に当たる部分です。

赤坂 ここから本書の「4月」が始まっていくんですよね。「9月」に入る前に対談のほとんどの時間を使ってしまったわけですが，ここから先は，実際に読者の皆さんに味わって読んでいただきたい。そして，ぜひ自分のこれまでの学級経営プランと上條先生の12カ月のプランを比較しながら，共有できるところは共有し，参考にできるところはまねして，自分の実践をブラッシュアップしていただきたいと思います。

【特別教育の視点で子どもの自立を支える】

赤坂 最後に，今回，上條先生にこの書籍の執筆をお願いしましたが，やっぱり特別支援教育の専門家だからこそ言えることや見える世界というのがあると私は思っています。しかし上條先生は，そういった立場でありながら，通常学級の担任として，学級経営をなさっているということで，今回の書籍における上條先生らしさとか，書籍に書いた実践の強みをお聞きしたいです。その中に，これまで担任したお子さんたちの変容みたいなことをちょっと交えてまとめていただければと思います。

上條 今，特別支援教育の専門家みたいに言っていただいていますが，まだまだ専門家ではないですし，適切な言い方かどうかわかりませんが，学級経営に特別支援教育の視点を使わせてもらっているくらいの感じでいます。その結果，子どもが変わるんですよね。そして，学級も変わるんです。具体的事例はたくさんあってここでは1つを取り上げるのは難しいですが，特別支援教育の視点で子どもを見て，サポートしていった結果，その子の「できる」が生まれてきました。その「できる」が生まれたことによって，集団の中でのその子と他の子との対等的信頼関係は生まれていきました。ですので，ここに特別支援教育がもつ可能性があるのだと思います。

赤坂　つまり，上條先生が今回のような実践プランで，子どもに寄り添って教育してきたら，今回でいう「I can」がいっぱい出てきたということですね。そして，その背景には，「We can の体験」というのが関係していたということでしょうかね。そして上條先生は，そうした「I can の発見」と「We can の体験」が往還するようなクラスを「You can の創造」という視点で見守り，教育活動を進めてきたととらえられますかね。

上條　はい。その通りです。

赤坂　「個別最適な学び」とか「協働的な学び」というようないろいろな学びが，国から提唱されているけれど，子どもの学びを促していくのは，子どもたちの良好なつながり，つまり対等的信頼関係に基づくつながりの中で，教師がどれだけ本気で子どもたちを育てようとしているのか，そこにかかっているのでしょうね。

上條　そうですね。今おっしゃられたとおりですし，それって，以前から学級経営においては大事だとされていたところでやってこられた先生方はいっぱいいらっしゃると思います。後から「個別最適な学び」とか「協働的な学び」という言葉が出てきていると思うのですが，やっている人はやっていたけど，みんながそれを意識した方がいいという感じだと思います。

赤坂　まさしくそうですよね。「個別最適な学び」とか「協働的な学び」とか，「アクティブ・ラーニング」とか，いろいろな学びが降ってきていますけど，結局それらは，これまで効果的な教育をなさってきた先生方からすると，定義や概念，言葉の「後付け」ではないかということです。こうした言葉を拠り所にしながら，でも振り回されることなく，子どもの自立を促すという教育を心がけてやっていったら良いのではないかと思いますね。そして，そのときに，上條先生の立場からすると，子どもの自立の実現には，特別支援教育の視点というのは，欠かせない，そして効果的であるということでしょうか。

上條　はい。そうです。うまくまとめていただきありがとうございました。

あとがき

　今回，赤坂先生にお声かけいただき，自分の学級経営を振り返る良い機会をいただけたと思っています。自分の学級経営を振り返ることで，課題と向き合うことができます。成果があったことを確認することができます。こうしたことを繰り返していくことで，学級経営力を高めていくのだと思います。一般化が難しいといわれる学級経営だからこそ，正解がない学級経営だからこそ，自分の学級経営としっかり向き合っていくことが大事なのだと思います。

　第3章では，第1章，第2章について，赤坂先生と対談させていただきました。赤坂先生には，実践を価値づけていただくだけでなく，自分では無意識のうちにやっていることにも気づかせていただきました。

　今回，私の中で明確になったのは，「教師の在り方」です。学級の中で担任教師は，どのような位置にいるべきなのか。子どもにとってどのような存在でいる必要があるのか。そうしたことを改めて考えさせられました。

　「個別最適な学び」や「協働的な学び」，「インクルーシブ教育」や「教育のユニバーサルデザイン」など，さまざまな言葉が教育現場には降りてきています。しかし，学びの主体は子どもであり，そのより良い教育環境を創っていくのが，担任教師です。それが担任教師としての本分なのだと思います。これは時代に関係なく，教師と子どもの関係においては，いつでも共通するものなのだろうと思います。

　そもそも学級とは何のためにあるのでしょうか。その始まりは，教育の効率性が重視されていたのかもしれません。しかし，今の教育では，最終的に個の学びが重視されていきます。「主体的・対話的で，深い学び」についても，他者と対話し，他者の考えを知ることで，自己の成長へとつなげようとしています。そう考えると，これからの「学級は，個の学びや個の成長を最大化する土壌」としてとらえるのが良いのではないかと考えます。「学級経営は目的ではなく，学級経営は前提条件」なのです。そう思って，「個別最

適な学びと協働的な学びの一体的充実」という言葉を見返してみると，その土台，つまり「You can の創造」こそが学級経営であると思えてきませんか。

　昔の教え子の中に，教師の道を目指している子がいます。その子たちと会うと，私の失敗談をうれしそうに話しています。当時の私の学級経営が良かったとは決して言えません。でも，教師という仕事に対して，魅力を感じてくれていることは，とてもうれしいことです。

　教師の仕事は，とても大変な仕事です。でも，その大変さを忘れてしまうくらいうれしいことがたくさんあります。苦しさを吹き飛ばしてくれるくらい素敵な出会いがあります。人と人とがつながるように導いていく学級経営。そのつながりの中に，「＋1」として子どもたちとつながれる幸せな仕事です。読者の皆さんの学級が，そして読者の皆さんご自身がたくさんの「I can」を発見できるような学級生活になるよう願っております。

　最後に，このような機会をくださった上越教育大学教職大学院の赤坂真二先生は，いつも勇気づけてくださり，私の「I can」を発掘してくださいます。心より御礼申し上げます。明治図書の及川誠さんには，たくさんご迷惑をおかけしてしまいましたが，いつも温かい言葉かけをいただき，感謝しております。この他にも，本書の発刊に関わってくださった皆様に心より感謝いたします。ありがとうございました。

2023年3月　上條　大志

【著者紹介】
赤坂　真二（あかさか　しんじ）
1965年新潟県生まれ。上越教育大学教職大学院教授。学校心理士。19年間の小学校勤務では，アドラー心理学的アプローチの学級経営に取り組み，子どものやる気と自信を高める学級づくりについて実証的な研究を進めてきた。2008年4月から，これから現場に立つ若手教師の育成，主に小中学校現職教師の再教育にかかわりながら，講演や執筆を行う。

上條　大志（かみじょう　まさし）
神奈川県公立小学校勤務。特別支援教育の視点からインクルーシブな学級経営を研究，実践中。校内研修や講座等で講師を務める。現在，教育相談（特別支援教育）コーディネーターを担当。修士（教育学），特別支援教育士，星槎大学客員研究員。神奈川県優秀授業実践教員表彰。

個別最適な学び×協働的な学びを実現する
学級経営365日のユニバーサルデザイン

2023年4月初版第1刷刊　©著　者　赤　坂　真　二
　　　　　　　　　　　　　　　　　上　條　大　志
　　　　　　　　　発行者　藤　原　光　政
　　　　　　　　　発行所　明治図書出版株式会社
　　　　　　　　　　　　　http://www.meijitosho.co.jp
　　　　　（企画）及川　誠（校正）杉浦佐和子・㈱APERTO
　　　　　〒114-0023　　東京都北区滝野川7-46-1
　　　　　振替00160-5-151318　電話03（5907）6703
　　　　　　　　　　　　ご注文窓口　電話03（5907）6668

＊検印省略　　　　　組版所　長野印刷商工株式会社

Printed in Japan　　　　　ISBN978-4-18-264368-2
もれなくクーポンがもらえる！読者アンケートはこちらから→

個別最適な学び × 協働的な学び × ICT 入門

佐々木　潤 著

「令和の日本型学校教育」を実現した姿がここにある！

A5判　192頁
定価 2,376 円（10％税込）
図書番号 2133

教えやすさから学びやすさへ！「個別最適な学び×協働的な学び」は、相性抜群のICT端末で、より効果的に。個別最適な学び×協働的な学び×ICTを成功させる基礎基本から子ども達への言葉がけ、各教科の授業デザインまでをまとめた授業づくりベースアップの入門書です。

本当に知りたい 社会科授業づくりのコツ

澤井陽介 著

なぜ？からはじめる探究的な社会科授業 5つのポイント

社会科で子どもが熱中する探究的な学習はこのように実現しよう！単元を見通す問いから、学びの道筋を示す板書、批判的思考力から学びの振り返りまで。単元ごとの授業モデルを、各時間の板書写真と獲得させたい社会科用語、核となる問いと授業展開例でまとめた必携の1冊です。

A5判　176頁
定価 2,200 円（10％税込）
図書番号 4359

社会科「個別最適な学び」授業デザイン

宗實直樹 著

理論編
A5判192頁 定価2,486 円(10％税込) 図書番号 3331

実践編
A5判152頁 定価2,310 円(10％税込) 図書番号 3332

多様な学習形態で実現する！子どもが主語になる社会科授業づくり

社会科授業で「個別最適な学び」を実現する 14 のポイントを徹底解説。子どもの見取りから単元の授業デザイン，問いの吟味から学習の複線化，自己調整学習からICT活用，学習評価まで。社会科における「個別最適な学習」授業づくりのはじめの一歩となる手引書です。

明治図書　携帯・スマートフォンからは **明治図書 ONLINE へ** 書籍の検索、注文ができます。▶ ▶ ▶

http://www.meijitosho.co.jp ＊併記 4 桁の図書番号（英数字）でHP、携帯での検索・注文が簡単に行えます。

〒114−0023　東京都北区滝野川 7−46−1　ご注文窓口　TEL 03−5907−6668　FAX 050−3156−2790